建设项目群管理

Construction Program Management

傅道春 著

人民交通出版社股份有限公司
China Communications Press Co.,Ltd.

内 容 提 要

本书以建筑业为背景，以组织论、协同论、系统论等现代管理理论为基础，综合制造业、IT 行业有关项目群管理的最新研究成果，运用理论分析、比较研究、案例分析等方法，全面诠释建筑业项目群管理的本质，构建建筑业项目群管理实施模型。从项目群管理组织体系建设，项目成群分类及项目选择，以及资源在项目群中多项目之间的动态调整，到项目群管理的绩效评价，本书给出了一个完整的项目群管理体系，致力于为建筑业提供一种全新的管理理念，为建筑业实施项目群管理提供一个“行动路线图”。

本书可供高等学校工程管理专业和土木工程专业师生学习参考，也可供建设工程项目管理人员和政府建设管理部门阅读借鉴。

图书在版编目(CIP)数据

建设项目群管理 / 傅道春著. —北京：人民交通出版社股份有限公司，2014.9

ISBN 978-7-114-11722-0

Ⅰ. ①建…　Ⅱ. ①傅…　Ⅲ. ①基本建设项目—项目管理—研究　Ⅳ. ①F284

中国版本图书馆 CIP 数据核字(2014)第 215910 号

书　　名：建设项目群管理
著 作 者：傅道春
责任编辑：温鹏飞
出版发行：人民交通出版社股份有限公司
地　　址：(100011)北京市朝阳区安定门外外馆斜街 3 号
网　　址：http://www.ccpress.com.cn
销售电话：(010)59757973
总 经 销：人民交通出版社股份有限公司发行部
经　　销：各地新华书店
印　　刷：北京鑫正人印刷有限公司
开　　本：720×960　1/16
印　　张：11.75
字　　数：206 千
版　　次：2014 年 9 月　第 1 版
印　　次：2015 年 9 月　第 2 次印刷
书　　号：ISBN 978-7-114-11722-0
定　　价：36.00 元
(有印刷、装订质量问题的图书由本公司负责调换)

作者简介

傅道春，男，山东巨野人，1970年11月出生，1992年毕业于合肥工业大学土木工程系，获工学学士学位。2000年在同济大学经济与管理学院获管理学硕士学位。2006年在同济大学经济与管理学院获管理科学与工程博士学位。

长期从事工程施工管理、项目群管理、工程咨询等工作，先后担任济南奥体中心、济南园博园土展馆、山东省会文化艺术中心等工程项目管理负责人。现任职于山东交通学院，一级注册建造师，中国公路建设行业协会特聘专家。主要研究领域为建设工程管理、建设安全系统工程。

前　言

传统建设工程项目管理关注的是单个项目,而超过90%的项目处于多项目的环境中,因此,忽视项目之间的联系而研究一个项目的运作有其固有缺陷。长期以来,以项目管理技术为主要工具的建筑业企业一直存在组织层和项目层两层分离的问题:项目实施过程关注的仅仅是技术层面的结果(进度、质量和成本);而组织层面只对项目的行政管理方面有所持,对公司的战略实施没有给予足够的重视。这种分离的结果通常是:项目经理们不了解组织的战略,公司经理们不能明确了解每个项目对企业绩效的贡献。而企业的根本目标是:使整个组织的价值得到最大程度的提高,而不是追求任何单个项目的成功。因此,建筑业企业有必要寻求更有效的管理模式。

随着项目管理理论的发展,整合了战略管理和项目管理的项目群管理(Program Management,也译作"项目集管理")在制造业、IT、通信等行业得到广泛的应用,并取得了很大的成功。项目群管理理论也成为当前战略管理和项目管理领域研究的热点问题,而在建筑业的研究和应用还处于起步阶段。

在此背景下,本书以组织论、协同论、系统论等现代管理理论为基础,综合当前战略管理、项目管理、集成管理、约束理论和系统动力学等领域的研究成果,运用理论分析、比较研究、案例分析等方法,全面诠释建筑业企业项目群管理的本质,构建实施模型,并提出具体的实施方法和绩效评价体系。致力于为建筑业企业提供一种全新的管理理念,并为建筑业企业实施项目群管理提供一个"行动路线图",以有利于企业改善其运作模式,进而提高企业的管理绩效。

本书的前七章是以笔者在同济大学攻读博士学位的论文为基础,结合近几年项目群管理研究最新成果(如PMI发布的《项目群管理标准》2013)和笔者近几年从事项目群管理实践修订而成,第八章介绍了山东省会文化艺术中心项目群管理案例,同时吸收了国家自然科学基金研究项目《项目利益导向的大型工程项目群服务驱动型组织研究》(项目编号:71072046)的部分成果。

师从林知炎教授使笔者受益终生。笔者本科毕业后在施工企业工作了十年,理论基础薄弱,承蒙林老师不弃,悉心指导,倾囊相授,才使得我顺利完成学业,在此表示衷心的谢意。

感谢山东建筑大学管理工程学院徐友全院长及自然基金课题组、山东营特建设项目管理有限公司文化中心项目部对本研究的大力支持！

感谢人民交通出版社的卓越团队对本书出版所做的工作！

由于笔者水平有限，本研究还存在许多不足之处，恳请各位同行批评指正。

傅道春

2014年7月

目　　录

第1章 绪 论

改革开放以来,中国建筑业发生了巨大的变化,随着国民经济的快速增长,固定资产投资率逐年提高,建筑业增加值平稳上升,建筑业增加值占国内生产总值的比重从20世纪50年代的3%增加到2002年的6.68%。2013年全国建筑业增加值38995亿元,比上年增长9.5%。建筑业的发展,为推动我国国民经济发展起到了重要作用。但经济总量增加并没有让建筑业脱离于低收益、低效益产业行列,而且建筑业企业经济收益还在连续不断地下滑。当前,建筑业生产能力过剩,生产方式落后,技术进步缓慢,人员素质总体水平不高,推动建筑业发展方式转变的任务艰巨。建筑业的发展在很大程度上依赖于高速增长的固定资产投资。一些建筑企业以包代管,管理粗放,集团管理"集而不团",项目管控"管而不控",分公司各自为政,项目各自为战,这造成企业仅在业务量上有所增长,但利润普遍不高。2011年全行业产值利润率仅为3.6%,个别企业甚至不足1%,经济效益远低于全国第二产业的平均水平,这严重制约和阻碍了建筑业的健康发展。

事实上,国外的建筑业也同样被认为是一个劳动力密集、效率低下的传统行业,比如在美国:根据美国劳动统计局所提供的数据,从1964年到1999年,建筑业劳动生产率综合指数下降了0.48%,而在同样时期,所有非农业行业的劳动生产率综合指数上升了1.71%(Teicholz et al 2001)。

造成这种状况的原因是复杂的。但一直以来,建筑业由于缓慢接受和使用现代管理思想、方法与手段而倍受批评,因此许多人认为,这也是产生建筑业的工期严重拖延、成本大量超支等问题,进而导致建筑业效率低下的主要原因之一。许多学者认为当前迫切需要的是应用先进的管理思想和技术手段在传统的、落后的建筑业中进行一场彻底的革命和重组。Egan(1998)在其著名的*Rethinking Construction*中指出:"我们看到,建筑业面临着两个选择:或者是顽固坚持建筑业是个非常特殊的行业,无法吸收并应用其他行业部门的先进经验;或者是积极寻求改进方法并对建筑业进行重组,尽可能地学习其他各种先进技术和经验。"

未来建筑业将面临更多的挑战:工程规模越来越大,结构越来越复杂,质量和技术要求越来越高,行业的竞争也将越来越激烈,所有这些都将迫使建设项目业主和承包商寻求新的策略加以应对。事实上,建筑业企业也一直在致力于寻找提高生产效率和产品质量的运作方式。其中最为成功的是项目管理在建筑业得到广泛应用，但同时也暴露了很多问题。近几年来，许多业内的学者和研究机构纷纷引进诸如“全面质量管理”（TQM）、“即时生产”（JIT）、“敏捷制造”（Agile Manufacturing）、“精益生产”（Lean Production）以及 BPR 等制造业的先进管理思想，围绕建设过程的重组和重设计开展了大量的研究，并提出了“建设过程重组”（Construction Process Re-engineering，CPR）和“精益建设”（Lean Construction）等概念。但与制造业不同，由于工程建设过程具备高度的复杂性、不确定性、不连贯性以及其他一些约束因素，这些研究无法得到有效的实施。

本研究拟将在研发项目和软件开发项目中取得巨大成功的项目群管理理论应用于建筑业企业，提出建筑业企业项目群管理模式的架构。从项目群管理战略决策、项目群管理的实施到项目群绩效评估，对建筑业企业项目群管理模式进行详细的探讨，为建筑业企业运作提供一种全新的管理理念，以有利于企业改善其运作模式，有利于其在快速变化的环境中保持和提高竞争力。

本章首先提出研究的问题；讨论研究的背景，主要讨论当前建筑业面临的管理问题；进而提出本研究的意义；界定本研究的范围；确定研究方法；最后给出本书的研究架构和主要创新点。

1.1 研究的问题

建筑业企业运作的固有特性是“按客户定制”组织生产，而建设项目的实施又具有复杂、动态和多学科等特性，这就决定了以项目为运作基础的建筑业企业所面临问题的复杂性。通常一个工程项目的实施是由多个组织参与，这也决定了基于项目的建筑业企业看待许多问题不能仅仅站在一个组织的立场上。企业面对着来自众多群体的不同需求，如业主（或建筑产品的最终客户）、项目实施中的合作者、公司内部员工等。也正是因为如此，许多建筑业企业忽视了企业最根本的目标：使整个组织的价值得到最大程度的提高，而不是追求任何单个项目的成功。显而易见，一个企业必须支持他所承担的项目，但项目对组织的支持是什么？企业内的所有项目都应对组织的战略有所贡献。因此，本研究的第一个问题是：

问题一：怎样提高项目对组织战略的贡献？

这个问题的答案可以从三个方面来考虑：①组织为什么要启动和实施项目？②如何衡量项目对组织的贡献？③需要哪些新的知识？寻求这些问题答案的过程本身也为本书提供了研究的方向，而最后这些问题答案的获得，也就形成了本书的研究贡献。很显然，客户和建筑业企业都“有利可图”是项目启动和实施的根本原因所在。需要注意的是，“有利可图”并不仅仅是指财务上的收益，还应包括其他方面的考虑。但对于如何评估项目对组织的贡献,现有文献中却少有提及。

对上述问题答案的寻求路径可以从考察企业的资源能力开始。按照"彼得原理"的表述,在一个等级制的组织系统内,每一个人总企望爬到其能力所不能及的地位。其实,社会系统中各个组织的行为也同样符合"彼得原理":组织总是企望获得其资源能力所不能及的业务数量。在建筑业,同样验证了"彼得原理"的正确性:企业总是希望承担足够多的项目,而很少考虑其资源能力。当企业承担的项目对资源的需求超出企业资源总量时,这些项目将会拖延,进而影响其进度,不能按时竣工,甚至会引来合同纠纷。处于这种环境中,单个项目的管理者本能地选择有利于自己所承担项目的行动路线,都认为自己所从事的项目是最重要的,进而争夺组织的核心资源。即使是某种资源暂时不用,但为了预防急用时无处可寻,还是争来"以备后用"。这种争夺使组织的资源更加匮乏,其结果必定是导致其他项目的延期交付。图1-1描绘了两个项目争夺资源的情况,可以看出,这是两个正反馈,系统无法达到平衡。(图中的标识S、O分别表示因果关系图中因素之间同向和反向的影响)。另外,组织资源的严重不足,还会导致项目的偷工减料、不按正常程序实施,最终影响企业的信誉和绩效。

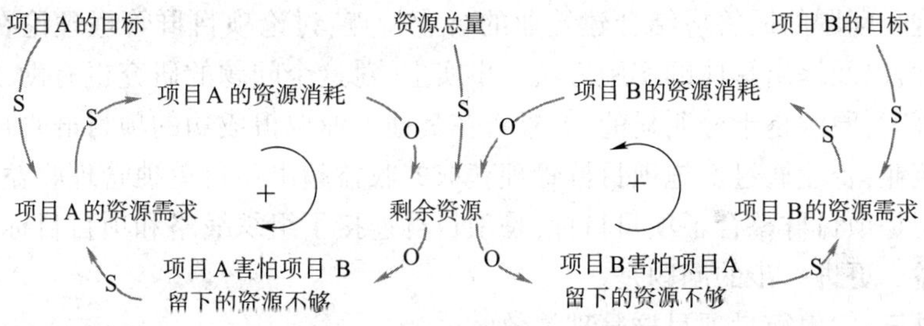

图1-1 项目之间的资源争夺之因果关系图

由于工程建设项目具有单件性、区域的分布性等特点,很多建筑业企业为了改进其工作流程而运用有效的项目管理技术,项目管理为建筑业的发展做出了巨大的贡献。但长期以来,在建筑业企业中一直存在着项目层和组织层分离的难题。项目实施过程关注的仅仅是技术层面的结果:进度、质量和成本;而组织层面只对项目的行政管理方面有所支持。这种分离的结果通常是:公司经理们不能明确了解每个项目对企业业绩的贡献;项目经理们不了解组织的战略。事实上,最近的研究发现,仅有不到25%的项目能从组织获得足够的资源支持(Crow 2003)。企业对其整体运作缺乏全面清晰的了解,公司经理们像救火员一样到处"救火"。所以,针对项目管理技术的这些缺陷,一种补救方法就是设计一个综合框架,评定项目的优先等级,优化配置组织资源,提高资源的有效利用率。

事实上,其他行业越来越多的组织实施“按项目进行管理”的策略取得了很大的成功。这种方法通过强调组织知识和能力的合作与协调,从更高的层面管理项目组合。但很多专家指出,更有效的方法是将项目分组,构建项目群,通过项目群在组织战略和项目之间架起一座桥梁,整合公司和项目流程,共享组织资源,进而实现组织价值的最大化。当前一些权威文献已明确提出,构建良好的项目群可以:①识别项目间的主要关联和相互依赖;②提供项目分级和优先级评定的机制;③允许新项目的加入。然而在本研究开始时还不能确定:项目群管理是否适用于建筑业。

虽然如此,本研究仍然相信项目群管理的理论和方法有可能会为问题一提供一种解决方案。项目群管理已在IT、通信、研发、制造业等领域得到成功应用。但研究建设项目群管理的文献不多,运用项目群管理模式的建筑业企业就更少。对于此,Stephen(2004)认为主要有两个方面原因:一是由于建设行业普遍缺乏有关项目群管理理念的知识,二是由于管理者过分地、错误地迷信项目管理,认为项目群仅是一个复杂的大项目而已,成熟的项目管理的技术足够应付。因此,本书需要研究的问题之二是:

问题二:建筑业企业如何实施项目群管理?

对这个问题的回答应结合建筑业的行业特点,讨论项目群管理理论在建筑业的适用性,以及提出具体的实施方法。事实上,对这个问题的研究也有助于寻找问题一的答案,原因是十分明显的:如果将在其他行业取得成功的项目群管理模式应用于建筑业,企业通过实施项目群管理获取的收益超出项目单独管理收益之和,那么就说明是项目群整合了项目目标,是项目群连接了组织战略和项目目标,取得了协同收益。更进一步的问题是:

问题三:如何衡量项目群管理绩效?

如果能够在建筑业成功实施项目群管理,就需要建立项目群管理绩效评估体系,这可以为建筑业企业提供一个在多项目环境下运作的“路线图”,组织可以使用这个“路线图”选择合适的项目,合理安排项目进度和共享组织资源,实现企业价值的最大化;同时也可以用来衡量项目对组织的贡献,本研究的第一个问题也有了解决方案。

1.2 研究背景

为了从根本上探求建设工程项目集群管理的途径,有必要对建筑业企业的运作以及其面临的问题进行分析,为本研究的展开奠定基础。下面结合我国建筑业现状,进一步说明本研究的必要性。

1.2.1 建筑业企业的运作方式及存在的问题

任何企业的运作都是组织和管理所拥有的资源,实现预定的目标,进而完成企业的使命。而在这个过程中必定会受到内外环境变化的影响,图1-2是一个建筑业企业(A/E/C企业)的运作示意图。图的上部表示企业可以利用的内部和外部资源,下部表示"手头上"的项目和"潜在"的项目。实箭线表示企业"已经拥有的资源",表示这些资源可以在企业所承担的项目间进行配置;虚箭线表示"可以拥有的资源",表示企业以一定的代价可以使用这些外部资源(如租赁)。一个建筑业企业如何优化利用组织内外资源,以实现商业目标价值的最大化?具体地说,企业必须决定:①如何在"手头上"的项目(正在实施中的项目)之间分配组织"已经拥有的资源"?②是否以及怎样获得市场中的"可以拥有的资源"?③是否参与一些项目的投标?如参与应采用怎样的投标策略以及一旦中标怎么运作这些项目?这些决策过程需要多方面的信息和决策工具的支持,但现有的文献对第一个问题的研究却很少涉及。

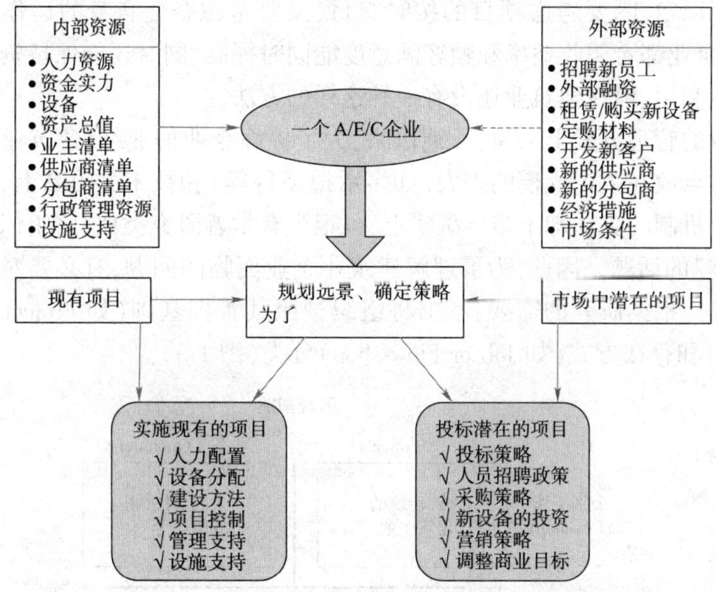

图1-2 建筑业企业的运作示意图(After Jonathan Shi. and Daniel W. 2003)

从生产运作的方式来看,建筑业企业属于典型的项目型组织(Project-based Enterprise)。事实上,项目型组织实施项目的首要目标是在一定的约束条件下实现项目的要求,这是企业生存和持续发展的基础。第二个目标对不同的组织各有不同,如企业生存、扩大市场占有率和确定新的目标市场等。对于一个特定组织来说，这两个目标是非常明确的。但由于建设项目的实施通常需要多个组织的合作(如EPC、Partnering 等方式)，当另外一个项目型组织参与进来时，上述两个目标变的非常复杂，特别是大型工程项目。事实上，当两个或更多的组织参与一个项目时，每个组织都应该同时考虑自己和他人的这两个目标，并且承诺共同创建一个能使每个合作伙伴都成功的环境。如果这样的环境不能建立，则会影响个别组织目标的实现。更糟的是，如果伙伴关系中的一个放弃了合作，甚至做出危害其他组织的行动，那么，所有组织的第一个目标将无法实现，留下的组织如果不能补救这种情形，也将影响到他们第二个目标的实现。参与的组织越多，出现这种情况的可能性就越大。因此，随着建设项目的规模越来越大，越来越多建筑业企业选择了长期战略联盟或合作伙伴的经营方式，这也成为当前建设领域的热点问题之一。

事实表明，一个基于项目的建筑业企业持续稳定发展的前提是通过自己的有效运作，为项目业主实现增值。这就需要一种方法，用以客观评定企业承接的所有项目的优先等级。而项目优先级的评定应该根据项目型企业与每个项目业主约定的特定目标而定，既要考虑项目的按时交付，又要考虑企业自身的运作效率和成本。当然，企业都希望收益率和顾客满意度能同时提高，同时还能保持资源在所有项目的有效利用，但在建筑业还没有一种这样的方法。

从企业的管理方式上来说，长期以来，为了提高企业的业绩，建筑业企业往往把管理的重点放在生产规模的扩大(如多承揽项目等)和技术的提高上，但对于组织自身运作机制的关注却不多。事实上，也很少有学者研究类似"将组织视为一个项目集合体"的话题。因此，为了理解建筑业企业面临的问题，有必要对项目型组织做些解释。根据研究的需要，本书将组织按照其管理基础(如 Project or Operations-Based)和存在方式(如 Job or Flow-shop)分类(图 1-3)。

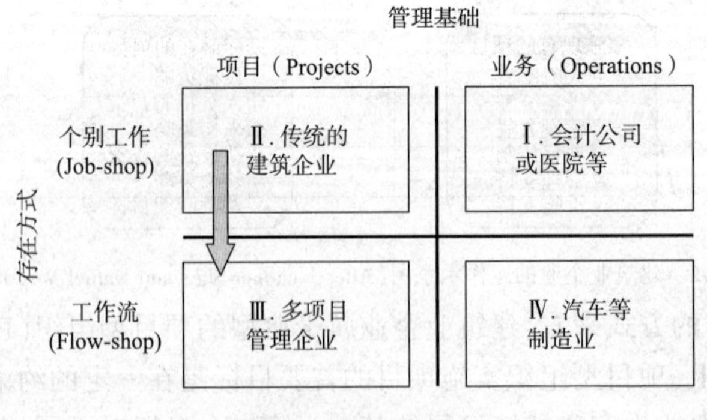

图 1-3 组织的分类

本研究的背景是建筑业,但由于很少有建筑业企业实施项目群管理,需要参照其他行业项目型组织的数据和最佳实践。图 1-3 所示的分类方法,揭示了企业基本运作方式的共性与区别,为上述参照的可靠性提供了依据,所以这种分析非常重要。另外,图 1-3 不仅对项目型组织,对各类组织的认识和实施流程重组都有重要的指导作用。例如一个组织的运作模式可以从一个象限转到另一个象限。事实上,早在 1908 年,福特"T"型汽车流水线生产方式的出现,就是将原来的"单个生产"汽车的组织方式(象限一)转到流水线生产(象限四);现在最好的例证是丰田汽车,正逐步从他们提出的"精益生产"(Lean Production)策略转变到"大规模客户定制"(Mass Customization),增加产品供应类型,逐步形成一个能提供顾客定制服务的系统,实施的是多项目管理战略(Cusumano and Nobeka 1998)。实际上就是从现在所处的第四象限转变到第三象限。

在此背景下,本研究的主要目标是将基于项目、单个工作的组织(传统的 A/E/C 企业)从第二象限移动到第三象限。这种移动意味着实施新的体系和方法要能够确保提高组织的绩效。因此,下面将进一步探讨当前处于第二象限的企业面临的问题。

Cooper 和 Kaplan 的研究结果显示:在基于项目的服务型组织中,最有利可图的 20% 的项目本已创造公司现有利润的 300%;然而,另外 80% 的项目又损失了公司利润的 200%,最后给组织留下了现有 100% 的利润。这种情况可以从通常叫做"鲸曲线"的累积收益率曲线中看出,图 1-4 所示的曲线就是一个典型的服务型公司的"鲸曲线",图中鲸的"驼峰"最高点表示公司最有利可图的项目为组织赚取的利润。

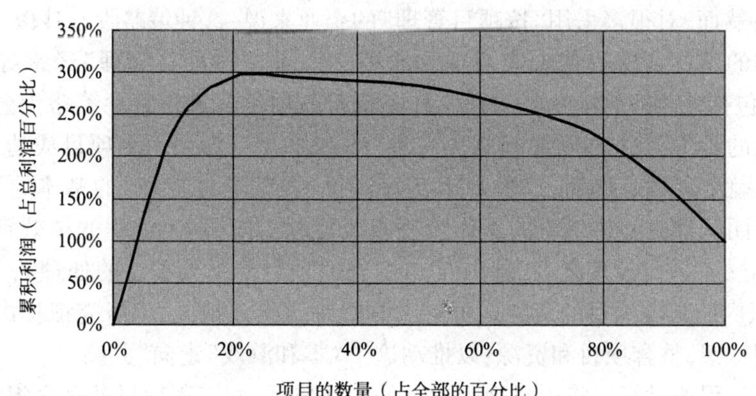

图 1-4 累积收益率"鲸曲线"(After Cooper and Kaplan 1999)

很多企业(如一些施工企业)也已经意识到有些项目无利可图,但可能没有想到问题像“鲸曲线”所显示的那样严重。这在一定程度上是由于这些企业的管理模式存在问题，利润和成本的核算不明确，在财务上无法体现。“鲸曲线”所描绘的这种情况可能是由于企业的客户造成的。比如，客户无力支付工程款，就会对承包商的利润造成损失。事实上，此类客户大多数还是企业的主要客户。很显然企业应“有所为，有所不为”，然而，问题是：如何判断哪个客户或哪个项目可能会造成利润损失？到目前为止，这个问题还没有得到解决。因此，承担多个项目的组织很显然需要一套完善的项目选择与评定体系。

为了提高绩效，一些服务型组织已建立起一系列运作体系，以监督项目的实施，同时也可以衡量项目的成本和收益。这类体系可以帮助企业的经理们深入了解当前实施的项目对组织运作的影响：哪些有利？哪些有害？哪些两者兼而有之？然而，根据笔者在建筑业的十几年工作经验，很多企业缺少这类体系，只是一味地追求高产值、高现金流，而工程项目的核算又存在很长的“时间延迟”，现金流的表面“繁荣”足以掩盖一些深层次的问题，也因此没有建立起系统的监控体系。这是本研究为管理者带来的警示之一。

1.2.2 传统工程项目管理的局限性

源于建筑业的项目管理经过50多年的发展，取得了很大的成功。在20世纪90年代初期，建筑行业之外的很多企业开始推行“按项目管理”的策略，并且将自身转变成项目管理型企业。这些企业视“按项目管理”为一个重要的工具，能使企业在动荡环境中保持高度的柔性以适应变革。事实上，很多企业对这种策略的理解无非是简单地“在任务必须要完成时，将其分配给适当的人，并解释清楚所期望的结果”；然而，对很多采用“按项目管理”的企业来说，这种策略收益甚微。

预期的项目管理收益未能实现的原因之一是：“按项目管理”经常导致项目“并行”，包括建筑业企业也是一样。许多企业的项目经理视这种策略为公司内部项目之间的竞争，并把这种情形视为一种“零和游戏”：如果一个项目成功了，另外一个项目就要失败。然而，这种观点正好违背了“按项目管理”的基本原则：期望每个项目团队都对整个组织的运作流程有所贡献，并共同为流程的绩效负责。结果是“孤立的”项目经理既有“外患”（组织外的项目干系人关系的处理），又有“内忧”（组织内的其他项目的资源之争）。因此，综合上述情况，本研究拟提出一个项目群管理框架，整合项目和资源，以推动这个“零和游戏”走向“共赢”。

传统工程项目管理将项目视为独立的实体单元，而工程项目处于多组织、多项目的环境之中：一个工程项目由多个组织实施，一个企业又在同时运行多个项目，因此，将项目孤立地看待是错误的。事实上，孤立地对待单个项目，还会导致企业整体绩效的下降。“上下同欲者胜”,而企业与项目两层分离,目标各异,这也是导致目前建筑业效率低下的一个重要原因。另外,从组织外部说,项目成功和项目管理成功有本质的区别。对于一个项目干系人来说非常成功的项目,对于另外一个项目干系人却有可能是彻底的失败。特别是在建筑业企业和他们的业主之间,这种情况经常存在。尽管良好的客户—承包商之间的关系可以帮助从整体上调整各自成本。但问题出现的深层次原因是:项目管理容易形成敌对的工作环境、利益冲突,项目内部、项目之间的协作精神较差,这就导致了建筑业许多问题的出现。这些来自企业内部和外部的压力正迫使建筑业重新审视和改善其运作的模式。

1.2.3 项目群管理的产生与发展

项目群管理的思想是在项目管理的基础上产生的。从项目管理到项目群管理的变革是因为:20 世纪后期,科学技术不断进步并带动全球经济飞速发展,人类社会发生了巨大变化,例如:产品更新换代速度大大加快、市场情况更加变幻莫测、各行业竞争加剧等。新的环境向传统项目管理提出了新的要求,项目管理本来就是从实践中而来,它必定要发展以适应实践的需求。具体地说,项目群管理的产生有以下几个方面的原因:

①基于节约成本的考虑。大多数组织同时进行多个项目,组织已经拥有管理单个项目的丰富经验,但如果单独管理多个项目,有可能耗费更多的成本。

②应对高度变化的环境。组织所处的环境变幻莫测,这对多个项目的计划、控制、协调提出了很高的要求,组织必须整合其核心资源,在更高层面统一管理其所承担的多个项目。

③组织学习和知识管理的要求。在知识经济时代,组织学习和知识管理成为组织提高核心竞争力的主要途径。由于项目的临时性,项目型组织学习有一个严重的缺陷:当项目完成解体后,在项目实施过程中积累的知识也就随之消失,下一个项目又要重复学习,知识不能在项目之间转移和共享。所以企业应建立起有效的学习机制,汇集项目知识,以达到知识收集和实时共享的目的。

④信息技术的发展使组织有可能对多个项目进行更加细致的计划和管理,但需要理论的指导和具体的实施方法的支持。

项目群管理为了协调多个相关项目的运作,其组织架构和流程不同于项目管理,在最基本层面,一个项目群是一组项目,以相互协作的方式进行管理而获得单独管理不能获得的附加收益(PMBOK 2014)。项目群管理关注的是为实现不断变化的商业目标而进行的项目协作支持、计划、优先等级评定和控制。因此,项目群管理不是关于项目实施,而是关于价值创造。这些增值的创造依赖于资源在各个项目中的优化配置。

尽管项目群管理在同时管理多个项目时具有很大潜力,应用却不十分广泛,但一些世界级的公司早已从中获益。从1927年初开始,飞利浦石油公司开始在美国以每月50座的数量建设服务站,到1930年,在其第一座服务站开业以后不到3年的时间内,飞利浦石油公司在美国12个州共建6750座服务站。但这些新服务站建设的根本目的是为飞利浦石油公司的石油和天然气增加的产量找出路。因此,公司从建设服务站项目上获益,这是项目群管理的一个成功案例。

在20世纪70年代中期,项目群管理引起电子产品领导者如IBM、HP和Northern Telecom的重视,不久,其他公司如Xerox、General Electric、Digital Equipment、Apple Computer、General Motors、Ford、Harley-Davidson、N. B. Philips、AT&T Bell Laboratories和Bell Operating Companies再次确认了项目群管理的有效性。他们认为项目群管理对于提高产品和服务的质量、效率、可靠性和缩短产品开发的时间有十分重要的作用,因此对于他们的长期成功也是至关重要的(Stephen 2004)。

当前,建筑业企业应用最广泛的是项目管理,项目群管理在建筑业还没有被广泛应用,通常每个项目被单独管理,处在与其他项目分离的管理状态(Reiss 1996)。尽管项目群管理在建筑业的应用不多,但却不是没有先例。最近的一项研究显示,在一个建设18个中等规模仓储店的案例中,应用项目群管理模式的投资回报率比项目管理的提高了46%。这可以从图1-5项目群和项目实施的比较实例中看出。每个商店的成本大约是600万美元,贷款利息按20年的利率8.4%计算,这样每个月的净利润是18万美元(Stephen 2004)。

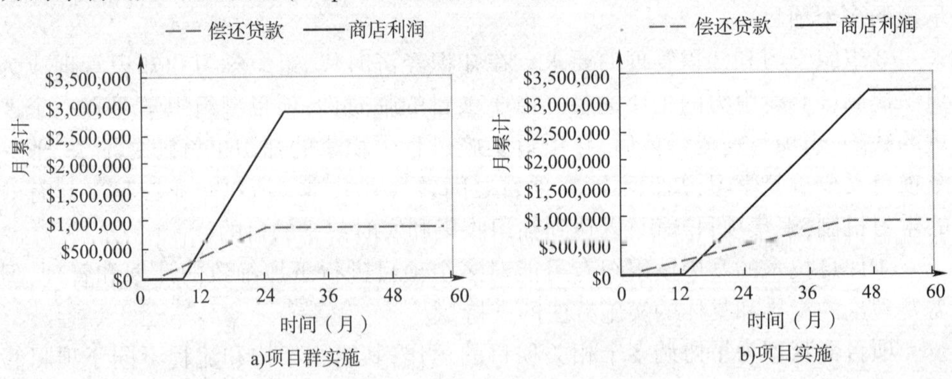

图1-5 项目群和项目实施的比较实例

为什么那些以项目为基础的企业很少应用项目群管理呢?原因之一是很多企业对项目群管理知之甚少。事实上,关于项目群管理的理论和经验确实很少,提倡者也不多。另外一个原因是他们认为项目管理实现的业绩可以接受,因此,他们便

不愿再进行变革。然而,在多项目环境下,项目管理的应用有其局限性,因为它是基于以下一些错误的假设:

①项目实施的环境是稳定的。

②项目的活动和持续时间是可以预期的。

③项目可以看成是一个封闭的系统。

④决策的制定通常是自上而下的。

因此,许多项目型组织中的项目之间一直处于竞争或斗争之中,他们为了获得高的优先等级而斗争;或为了争夺特定专业人员而斗争;或为了引起高层的关注而斗争。总之,每个项目都在为了"更好地生存"而争夺组织的资源。完全依赖于项目管理,除了造成不必要的混乱之外,还让组织失去了按照协作方式统一管理这些项目可以获得的潜在收益。

建筑业企业的战略通常关注组织能力的配置,组织选择的战略和方向主要取决于组织目前拥有的能力以及对未来的期望。然而,事实证明,客户需求必定会驱动项目型组织的战略方向。因此,为了确保既定战略收益的实现,需要一种全新的管理模式,整合组织内外目标。而项目群管理模式可以实现上述目标。与项目管理相比,其优势体现在,项目群管理更多地关注战略,是一种业务工具和战略辅助,因此也更关注组织长远目标的规划和实施。

尽管将项目群管理视为组织的运作中心,可以平衡组织当前、未来业务预期和新的业务战略、技术和方法,但也可能为组织带来额外的负担。这种两面性的影响也可能会给组织的运作带来额外的复杂性,如图 1-6 所示。

从图 1-6 中可以看出,项目群被看作是战略性的概念,由基于战术的项目支持,这两种管理都是需要的。事实上,项日经理的任务通常是监督、管理项目战术性方面目标的实现(如时间、成本和质量目标);项目群经理则不同,他们更多的是从战略管理的层面,关注项目组合的优先等级,应对业务环境的变化。通常这些努力可以在组织和项目之间建立起一座桥梁。其实,项目群还有一个希望达到的目标,就是建立一个中间"缓冲地带",以应对组织外部的变化。

如图 1-6 所示,政策影响是一种外部的变化。在这个例子中,政策变化有可能对企业长远目标有负面影响(如撤回投资等);同时,也可能积极鼓励和支持企业近期目标的实现,即有一个正面的影响。因此,这种变化对于项目群管理的综合影响是两面性的,项目群不得不平衡近期策略和长远目标,而这些在项目层次是很难把握和实现的。

虽然如此,在整个 20 世纪,所有的项目型企业和研究机构都将研究分析的基础仅仅集中于项目管理上。例如,由于建设项目前期策划(Pre-project Planning)对项目投资影响的灵敏性,许多学者试图将其引入到项目管理的范畴;又由于项目后期的设施管理(Facility Management)影响项目的投资回报,其也被纳入到项目管理的范围,这种对项目管理范畴的向前和向后的伸展,形成了建设项目全寿命研究的对象。其实,全寿命周期以及其他许多研究都忽视了一个重要的影响因素——项目之间的相互关联,而这些相互的关联确实存在于参与者的项目组合内,并且相互影响。当然,项目前期策划的重要性已获广泛认可,许多业主对这个概念也有了深刻的认识,如房地产企业对项目前期策划的重视,这种对前期的重视,可以帮助提高项目的业绩,但却在很大程度上无法确保建筑业企业(如设计、承包商等)业务战略和长远规划的收益。事实上,当前项目管理的理论和实践的各种努力,对于建筑业企业来说,解决的问题是"Doing the project right",更重要的问题是"Doing the right project";而项目群管理的最终目标是"Doing the right project right"。

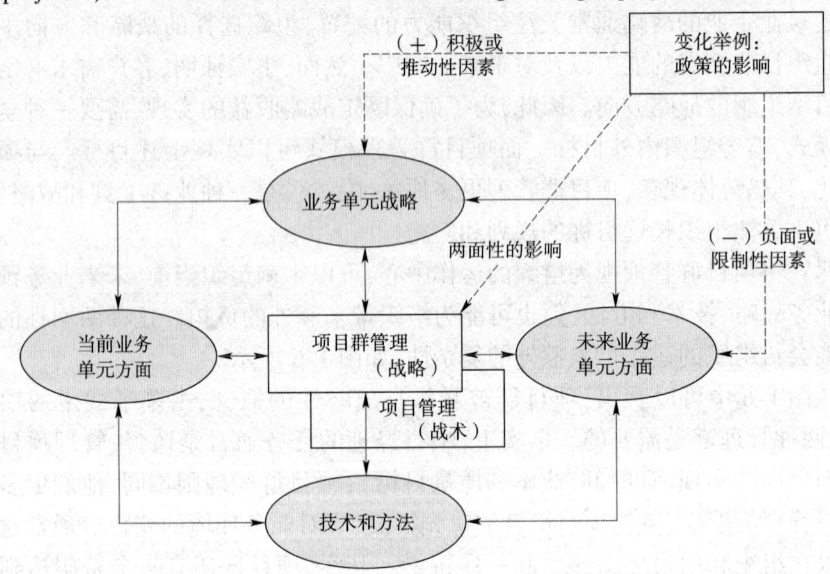

图 1-6　项目群管理关注的焦点

图 1-7 是 Strange(1998)提出的一个关于项目群管理信息流的模型,利用这个模型做模板,企业可以整合项目群管理的收益和组织的信息流。

从图 1-7 中可以看出,许多围绕项目群管理活动的过程和信息流,将项目群管理与公司的企业规划(Corporate Planning)、业务战略(Business Strategy)活动相连接。这样,项目群管理就成了整个企业管理中的一个完整的分项,以确定从事什么项目和不从事什么项目。在这种情形下就产生了服务于公司目标的部门(或机构),通常公司会授权一个项目群管理团队,以实现预期的收益。实际在这种情况下,项目管理会变得更加简单,因为项目管理被严格限制在传统的任务计划、监督和控制的范围之内。同时,在图1-7所描述的环境中,风险管理和变革管理可以在项目群层面实现,还可以实现规模经济以提高企业的竞争地位。更重要的是,图1-7为本书提供了进一步研究的基础和背景。

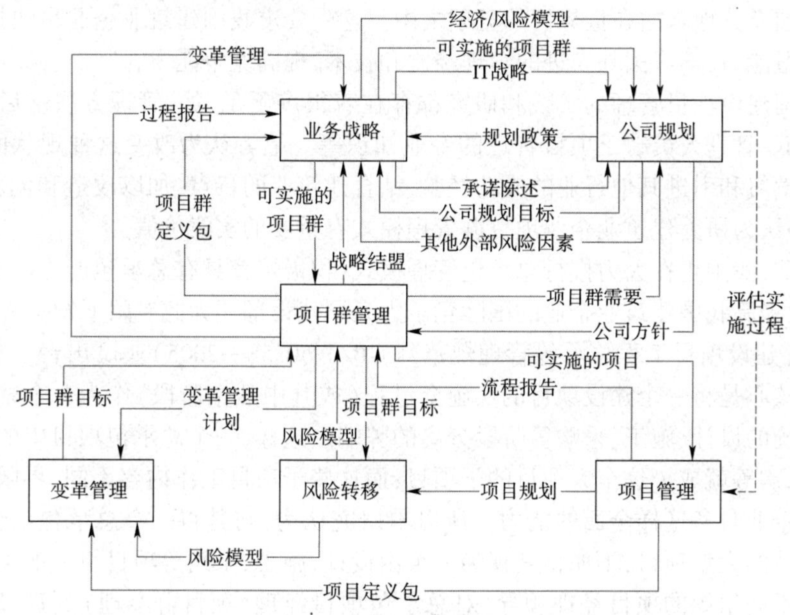

图1-7 项目群管理信息流(After Strange 1998)

1.2.4 我国建筑业企业现状

我国建筑业自"鲁布革冲击"以后,在全行业推行项目管理,取得了明显的经济效益。但当前我国大型建筑企业面临着很多问题,主要表现在以下几个方面:

(1)项目数量增多

随着国民经济的快速发展,固定资产投资增加,建筑业企业承担的项目数量和产值也迅速增加,导致了企业过分专注于项目的招揽,对企业的可利用资源缺乏全面的了解。高产值没有带来高收益,如何管理同时进行的多个项目成为我国建筑业企业急需解决的问题。

(2)企业赢利能力降低

我国建筑业企业的净利润率一直处于较低的水平,平均不到4%。很多人会把原因归结到恶性低价竞争、投标的不规范等,笔者并不否认上述原因,但作为企业,当无法控制外部的环境时,能做的只有通过提高组织内部的管理水平,加强项目之间的协作，共享组织资源，降低项目成本，进而提高企业的竞争力。

(3)学习能力低下

建筑业企业是劳动密集型组织，学习能力和人员素质一直不高。随着我国建筑市场的开放，许多国际大型建筑企业纷纷进入我国，我国的建筑业企业和建筑市场将更加充分地暴露在世界性的竞争之中。这就要求我国建筑业企业尽快提高组织的学习能力，学习国外先进的管理经验和技术，提高竞争能力。

我国建设项目管理的实践和研究都存在着很多不足，如：管理方法落后、信息化程度低、管理人员缺乏项目管理的专业知识等。笔者认为改变这种现状的根本途径是学习和引进其他行业的成功经验，结合建筑业的特点，加以改造和创新。因此，本书认为研究建筑业企业项目群管理模式有重要的实践价值。

当前，我国正在大力推行总承包管理模式，积极培育具有总承包能力的总承包企业，以提高我国建筑业企业的国际竞争力。原建设部还为此专门下发了文件(30号文)，《建设项目工程总承包管理规范》(GB/T 50358—2005)业已出台。总承包模式的核心是将一个建设项目的实施全过程(或其中几个阶段)作为一个整体，以改善传统的设计、施工、采购等阶段分离的弊端。这样，一个总承包项目中的设计、施工、采购等就成了这个大项目的子项目；而这些子项目工作内容不同，界限明显，很少有企业具备这样全面的能力。所以本研究认为，与其将一个总承包项目视为一个单独的大型项目，不如将其视为一个由设计、施工、采购等项目组成的项目群，由来自不同组织的项目经理领导，对总承包项目经理(项目群经理)负责，后文将对此进行更详细的论述。

1.3 研究目的和研究范围界定

尽管大多建设项目处于多项目环境中，但现有关于多项目、项目群和组合管理的文章对建设项目却很少涉及，而建设工程项目的规模和数量增长迅速，因此，迫切需要研究建设领域多项目管理的理论和实施方法。

本研究的总体目标是为了探讨建筑业企业项目群管理的运作模式。当前，建筑业企业管理所使用的技术在某种程度上可以说是帮助一个项目成功，是以另外项目的失败为代价的(Fricke and Shenhar 2000)，因此需要寻求更有效的方法。研究表明，超过90%的项目发生在多项目环境之中(Turner 1999)。然而，在建筑行业，项目的联合体通常被视为一个“大项目”或“大网络”，并错误使用单个项目的技术和方法来管理这些项目的联合体(Kara and Kayis 2001)。造成这种状况的原因在很大程度上是由于建筑业企业对项目群管理还不了解，另外是由于项目群管理理论本身:其核心技术和方法不是十分完善,还有待实践的检验(Pellegrinelli 1997)。由此,项目群管理的实践还存在许多困难。因此,本研究的目的之一是完善项目群管理理论,进而讨论项目群管理在建筑业的适应性。

本研究的第二个目的是构建建筑业企业项目群管理的实施模型,寻求提高建筑业企业绩效的管理模式。

第三个目的是建立项目群管理的绩效衡量体系。没有绩效衡量,就无法证明项目群管理的作用。上述研究目的其实也是对第一节中研究问题的回答。

本研究的意义在于:为建筑业企业提供一个全新的视角,以重新审视、改进其当前的管理模式和技术,提高企业的绩效和核心竞争力。另外,本研究还为建设管理领域带来了新的管理理念,如果说推广应用基于目标规划与控制的项目管理是工程建设领域的一次重大变革,那么,建立在项目管理理论之上的项目群管理模式的研究和实践将引导这次变革进入一个更高的境界。

本研究的对象是建筑业企业,是指建筑、设计、施工企业,即A/E/C(Architecture/Engineering/Construction)企业。但由于建筑业实施项目群管理的企业还很少,特别是在我国还没有先例,这给本研究的样本采集带来了困难,因此除了从国外一些大型A/E/C企业取得一些数据外,还要参照其他行业运作机制类似的一些项目型组织的数据。

从项目和组织的数目组合方面来说(图1-8),建筑业企业处于一个由多组织、多项目组成的网络之中,一个组织同时实施多个项目,而一个项目又需要多个组织的参与。但这种多组织、多项目的联系非常复杂,对于当前的研究来说还是一个"黑箱"。

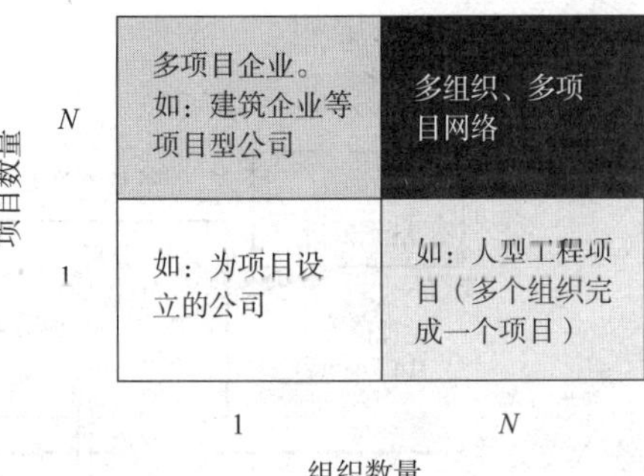

图1-8 项目和组织的数目组合

对于这个"黑箱"的了解可以从两个方面进行:一是从项目的角度,即研究参与一个大型项目的多个组织之间的协作与沟通问题,这是当前建设项目管理领域研究的主要方向,如虚拟组织、信息系统在项目管理中的应用、总承包模式、建设项目全寿命周期等研究;二是从组织的角度,即研究一个企业实施多个项目,这在软件开发行业、制造业的研发项目中已有了很深入的研究,但建筑业对这方面的研究还很少,准确地说,在我国还没有研究先例。本书的重点是从企业的角度,研究一个组织、多个项目,即组合型项目群的运作模式,但考虑到项目的外部关联会影响到组合型项目群的决策,因此也探讨了一个项目、多个组织,即对象导向型项目群的类型。然而本书的重点还是基于企业的视角,研究一个组织、多个项目的情况,为进一步了解多组织、多项目这个“黑箱”做准备。

1.4 研究方法和本书架构

1.4.1 研究方法

本书采用的具体研究方法:

①理论分析。从理论上分析项目群管理的理论基础及存在的问题,以及改进的方法。主要从战略管理、协同学和项目集成管理、约束理论和关键链项目管理、系统思考和系统动力学等几个方面论述。

②比较研究。以项目管理为比较基准,用以构建项目群管理理论和方法。

③调查问卷和深度访谈。设计调查问卷,并访问一些大型建筑业企业的管理人员,寻求我国建筑业企业实施项目群管理的切入点和应注意的问题。

1.4.2 研究架构和主要内容

本研究试图建立项目群管理从理念到实现的过程框架,图 1-9 简要描述了本研究流程的哲学思想。

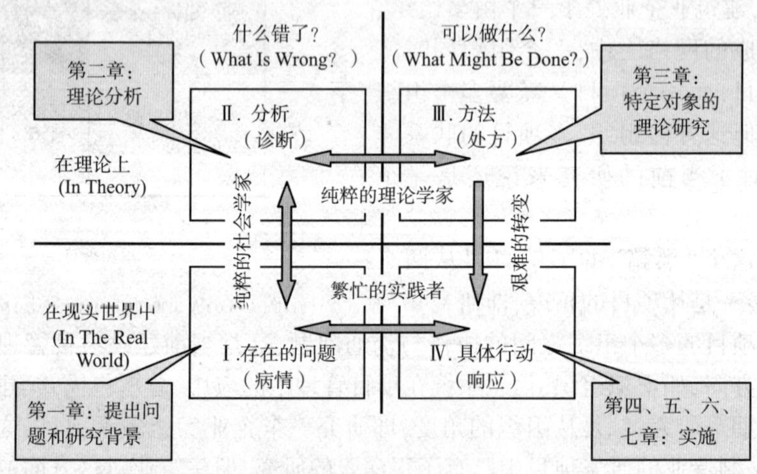

图 1-9 研究流程的哲学思想

本书的架构从图 1-9 中可以看出。首先从左下方开始,第一章讨论建筑业企业在“现实世界”中面临的问题;第二章是对研究问题进行理论分析和诊断,论述多种当前其他研究者的观点和方法，本研究将这些理论、技术和实践视为创立更好方法的“基石”，并进而提出本书的观点；第三章是针对特定对象（建筑业）的理论研究；第四、五、六、七章所研究的是所谓的“艰难的转变”，提出具体的实施方法和工具。

本书的主要内容包括：

第一章提出研究的问题，分析研究背景，明确研究的目的和意义，界定研究范围，介绍研究方法和论文架构，指出本书的主要创新点。

第二章综述了项目群管理及相关理论的研究现状。首先对项目群管理的概念进行分析，并基于协同思想重新定义了项目群管理，揭示了项目集群管理的真实动因；阐述了项目群管理的相关理论以及这些理论对本研究的贡献，主要包括战略管理和项目管理的整合、协同学与建设项目集成理论、资源约束理论和关键链项目管理以及系统动力学在建设项目管理中的应用。这些理论和方法构成了本研究的理论基石。

第三章构建了建筑业企业项目群管理的实施模型。首先针对建设项目和建筑业运作方式的特征，讨论项目群管理在建筑业的适用性，提出了建筑业项目群的分类方法，分为组合型项目群和对象导向型项目群；指出了现有项目群管理理论和方法存在的问题，并给出了改进的意见，在此基础上，构建了建筑业企业项目群管理的实施模型。

第四章到第七章以建筑业企业项目群管理实施模型为基础，提出了项目群管理实施的具体方法和工具。主要包括项目群管理的组织、项目选择、多项目进度计划和资源动态配置四个方面。第四章讨论项目群管理组织体制建设，主要包括系统架构的设计和运行机制的建立，重点讨论了项目群管理办公室的设立和运作，多项目的沟通和协调机制，以及项目群管理型组织的组织文化转变、组织学习和知识管理。

第五章研究项目群中的项目选择问题，项目选择是指从潜在的项目中选出对组织价值最大的项目。首先确定项目选择指标，由于很多指标无法定量计算，本书利用有约束的 Fuzzy AHP 评价方法，确定备选项目的优先等级，为项目选择提供决策支持。

第六章研究多项目进度计划与资源动态配置。与管理单个项目相比，项目群管理的重点应放在多个项目的资源共享、项目之间的相互影响，以及这些因素的动态变化上。本书应用系统动力学，建立多项目共享和单个项目模型，并整合基于资源约束理论（TOC）的关键链项目管理（CCPM），建立多项目进度计划和资源配置综合模型。

第七章研究建筑业企业项目群管理的绩效评价。任何管理方法的有效性都要通过最终实现的绩效来评价。由于项目群管理的最终目标是组织战略的实现,因此,传统的项目管理绩效评价方法不能直接用来评价项目群的绩效。本书应用平衡计分卡,将组织战略分解为财务、顾客、项目、内部流程和社会责任五个方面,建立了项目群管理平衡计分卡评价指标体系,以全面评价项目群和项目对组织战略的贡献。同时,由于大量定性指标的存在,因此,引入 Fuzzy AHP 方法进行评价。本研究的结果同时证明,组织内的项目之间并不是一种“零和游戏”,通过集群管理,资源和知识共享,可以实现超过项目单独管理收益总和的额外收益(协同效用)。

第八章结合案例研究服务导向型组织项目群实施模式。

第九章给出了本研究的理论贡献和实践价值,并指出进一步研究的方向。

第2章　项目群管理和相关理论研究

现有理论的回顾是对新建理论的预审。本章对相关的研究成果进行综述,为本研究的展开搭建理论平台。为此,本章首先讨论项目群管理的概念和研究现状,进而综述与项目群管理相关的理论研究,主要选择四个方面进行阐述:战略管理和项目管理的整合、协同学与建设项目集成管理、约束理论与关键链项目管理、系统思考以及在建设项目管理中的应用现状。通过这些讨论,许多对本研究有用的理论和方法会呈现出来,并最终形成本研究的理论“基石”。

2.1　项目群管理基础研究

2.1.1　项目群管理概念分析

项目群管理作为一个新兴的管理方法,不同国家的组织、企业和学术团体对项目群管理存在不同的理解,至今没有一个统一、精确的定义。下面将首先列出几种对项目群管理的不同理解,分析与项目群管理相关的几个概念的内涵,为本书定义项目群奠定基础。

(1)项目群管理的定义

项目群管理有很多定义,大多是由主要从事项目管理的组织和学者给出的,如CCTA(Central Computer and Telecommunications Agency)、PMI(Project Management Institute)、APM(Association for Project Management)等,下面给出几个有代表性的定义:

①CCTA,Central Computer and Telecommunications Agency。

定义:项目群管理是指通过对一系列的项目进行并行管理,从而获得对公司具有战略性重要意义的利益。

CCTA在对项目群的定义中提到组织的长期目标,一旦确定了这些长期目标,组织将识别那些能够帮助实现长期目标的项目并仔细考虑这些项目可能带来的收益。

CCTA建议组织建立与之相配的结构以管理这些项目群并始终牢记自己的战略目标。这类项目有可能会引起组织自身的变革,它推荐实现一系列“稳固的岛”,目的是让组织有机会停下来看看已经发生了什么、接着将发生什么,并将所有这些与最重要的整体目标做比较。只有站在各个“稳固的岛”上,脚下的地面是坚固的,组织才有可能思考过去、现在和将来。例如重新安置项目、合理化项目和重组项目。但 CCTA 没有提到通过项目的竞争来开拓业务或开发新产品的项目。

②PMBOK,Project Management Institute(PMI 2013)。

定义:项目群是一组相互关联并需要进行协调管理的项目、子项目群和项目群活动,以便获得分别管理所无法获得的利益。

项目群管理就是在项目群中应用知识、技能、工具和技术来满足项目群的需求,获得分别管理各项目所无法实现的利益和控制。

PMI 认为,项目群中的项目通过产生共同的结果或整体能力而相互联系。如果项目间的联系仅限于业主、供应商、技术或资源,那么项目应作为一个项目组合而非项目群来管理。

项目群管理重点关注项目间的依赖关系,有助于找到管理这些依赖关系的最佳方法。具体管理措施包括:

a. 解决影响项目群内多个项目的资源制约和/或冲突。

b. 调整对项目和项目群的目的和目标有影响的组织战略方向。

c. 处理同一个治理结构内的相关问题和变更管理。

③Shelley Gaddie。

定义:企业项目群管理是将组织的远景、使命和目标转化为一系列可执行的程序和项目的方法。

Shelley Gaddie 认为企业项目群管理是一个策划管理活动的系统方法,它基于把组织的远景、使命和目标看成是一系列项目的思想。当这些项目被有效定义、计划、集成,管理者对组织实现目标的能力就有一个全面的了解。他认为项目群连接组织战略和项目的目标,项目应对组织战略有所贡献。

④Ruth Murray-Webster 和 Michel Thiry。

定义:项目群是所有变更行动(包括项目和运作活动)有目的的集合,以实现战略和战术的收益。

Ruth Murray-Webster 和 Michel Thiry(2000)将项目群描述为“看不见的联系”。认为项目群管理可以有效地在战略之间架构桥梁,并可应急外界的变化和项目的变更而进行调整。至关重要的是,项目群管理在企业中是确保战略要求的实际贯彻和获得预期利益的重要手段。

还有其他学者给出了项目群管理的定义。如维也纳经济与商业管理大学的 Roland Gareis 断言,任何持续时间超过两年的项目都应该叫做项目群;Gray(1997)

从项目集群的目的出发,认为项目群是仅仅以协调管理或集成战略层面的报告为目的而进行的项目聚合;Ferns(1991)指出项目群是对项目以协调的方式进行管理,通过对相关项目的结构和过程进行组织,以获得比单个项目管理更大的整体利益;Lycett(2003)也提出了与此相近的定义:项目群管理是指为了实现一定的利益,对一组相关的项目进行集成(Integration)和管理(Management),而当对单个项目采取独立的项目管理时,这一利益将无法实现。按照Turner(1999)的理解,项目群管理除了上述功能外,还应包括项目之间界面的管理、资源的优化配置和平衡项目与组织目标。

上述这些定义既有共同点,也有区别,主要的共同点是:

a. 项目群通常包括一系列项目,多个项目同时进行或部分搭接。

b. 他们的管理必须有共同的方面,从整体上管理可以产生比每个单独管理收益总和更大的效益。

c. 资源共享和分配。

d. 进行多个项目进度安排。

主要的不同点是:

a. 项目是否会引起组织自身的变革。

b. 项目之间是否存在逻辑关系。

c. 项目是否为某个共同的目标服务。

其中:

a. CCTA:项目群管理的影响在组织层面,和环境的变化有关。

b. PMI:项目群管理包括对正在实施的项目的运行管理。

c. Thiry(2002):项目群不仅包括实施循环,还包括学习循环。

对此,本书的观点是:项目群管理根本目标是产生多项目管理的协同效应,否则就没有必要将多个项目集群起来管理。但它必须具有以下几个特点:

a. 项目群中的多个项目同时进行或者部分搭接,它们在地域上还可能是分布的。

b. 多个项目之间存在联系,它们都是为了实现组织的目标,包括:组织变革、收益、实体交付成果等。

c. 多个项目需要共享组织资源,组织需要进行资源调配。

d. 项目群管理是项目管理的高级阶段,仍然属于项目管理的范畴,项目群管理不能否定项目管理,相反,有效的项目管理是项目群管理成功实施的基础。离开了单个项目的成功实施,项目群的成功就成了“空中楼阁”。

(2)项目群管理与项目管理

为了全面了解项目群管理的相关概念，更好的理解和定义项目群管理，下面讨论项目管理和项目群管理的区别和联系。

传统项目管理理论关注的是单个项目的管理，这不能反映项目所处的真实环境。许多项目是在明确定义的商业计划下，作为任务或者工作组合的一部分存在的。Tuner 和 Speiser(1992)认为，90%的项目是在多项目环境下进行的，很多项目活动发生在由一系列小型或中型项目的项目组合或项目群之中，而不是传统上认为的由固定专业团队完成的大型项目。多数学者对此观点持赞成态度，如 Shelley Gaddie(2003)认为，传统项目管理以一个项目为对象，以项目的成功为最终目标。当组织需要管理多个项目时，传统项目管理的方法和工具显的不够完善。传统项目管理的工具、技术主要解决单个项目在进度、成本、质量要求的约束下实现项目的目标，不能解决组织内部冲突(甚至会引起冲突或使冲突加剧)、资源优化配置以及平衡组织所有项目等问题。也不能把项目的目标同公司的战略联系起来，因此经常导致项目的失败。项目管理的缺陷可归结为：

a. 缺少目标评估。

b. 缺少明确的、各方达成共识的目标。

c. 较差的领导能力和团队协作能力。

d. 缺乏对风险的管理。

e. 合同争论。

f. 组织和政策上的问题。

g. 高级管理层对项目的了解不全面。

h. 在项目内和项目之间都没有优先等级。

i. 资源的低效使用。

j. 项目不是由用户需求引导，而是由技术引导。

k. 由积压的工作推动前进。

l. 在项目内部和项目之间缺乏对相互依赖的认可和理解。

m. 由于对项目、系统和流程之间的界面缺乏重视，业务流程必须重新设计。

然而，项目群管理并不是对项目管理的修补，而是提供了一个项目交付的独特方法(Pellegrinelli 1997)。事实上，一个项目群就是通过对现有项目分组或定义新的项目，将目标集中于组织战略一个架构。通过相互协作的方式管理项目，以获取附加收益。

项目群和项目的本质区别见表 2-1。这些区别是非常重要的，因为“项目群”这个术语被广泛定义，致使对项目群管理作用的理解各不相同(Ferns 1991)。事实上，许多项目经理错误地认为一个项目群就是一个“大项目”，反对运用描述组织

结构和流程的方法来协调和指导相关项目。

项目群和项目的比较　　表 2-1

项 目 群	项 目
一种组织框架	一个提交特定成果的流程
一种企业的管理模式和文化	一种专业的模式
时间域可能是不明确的	有比较明确的时间跨度计划
与商业需求一起发展	有明确的目标
可能包括多个相关交付物的管理	包括单个交付物的管理
集中于达到战略的或超出项目的目标	集中于一项资产或改造的交付
项目群经理很容易促进多个项目经理的相互协作	项目经理仅对单个项目的成功负责

项目群和项目之间的区别决定着他们管理方式上的不同。从表 2-1 的论述中可以看出,项目管理是“在一定的成本约束下,协调人力、设备、材料和资金等资源,运用计划、控制等手段,准时完成一个特定的项目”;相反,项目群管理是“通过对项目的协作支持、规划、优先级确定和监控,满足变化的业务需要”。这样,项目管理和项目群管理的区别如表 2-2 所示。

项目群管理和项目管理的比较　　表 2-2

项目群管理	项 目 管 理
管理同时发生的多个项目	特定时间内管理一个项目
以企业的战略为导向	以具体的项目目标为导向
集中于资源利用	主要强调成本、时间、质量等结果
可适用于所有职能型、生产运作型组织	主要应用在建筑、航空、国防、IT 领域
项目趋向于相互之间有相似性	项目互不相同
项目群经理管理重点是项目之间的界面	项目经理管理重点是项目内工作包界面
专家资源之间关系密切	熟练专家资源之间关系不密切
需要更广泛的管理和商业技能及经验	需要项目管理和技术方面的技能
需要资源利用率最大化	需要资源使用最小化
团队必须确保各个项目的目标帮助组织前进	团队不用关心项目以外的影响
应用可视化沟通的集成数据库系统	信息处理主要应用计划安排软件系统

总之,项目管理和项目群管理相互联系,但又各有特征。项目群管理更侧重于组织的战略,通过对项目的孤立性、模糊性的改善以及对组织发展和最终产品的统筹,获得更大的收益;而项目管理注重计划和执行并提交最终产品。一个项目群通常是为了实现一些有时会相互冲突的目标,与项目相比,有一个更广泛的企业目

标;而项目的目标是完成一个单独的事先设定的结果。在以后的章节中,还将对这个问题进行更深入的探讨。

(3)项目群管理与多项目管理、项目组合管理

许多组织和学者还提出了和项目群管理(Programme Management)相近的概念,最相近的是多项目管理(Multi-project Management)和项目组合管理(Project Portfolio Management),有些学者(如 Thiry,Turner 等)甚至认为这三个概念之间并没有本质的区别。

①多项目管理(Multi-project Management)。

与项目群管理不同,多项目管理仅仅是指管理一系列项目。Pennypacker 和 Dye(2002)认为,多项目管理没有着重强调项目之间的联系,处在运作和战术决策层面上,主要关注资源的分配、进度的安排和短期目标的实现,其执行者是项目经理或资源管理者。项目群管理强调项目目标一致性,除了管理稀缺资源以外,还关注项目组合的组织方面,因此在一个项目群决策过程中,对单个项目的管理还存在一个合适优先次序的关系,其执行者是项目群经理,这是多项目管理所缺乏的。

多项目管理的思想最早应用于研发项目上。1990 年,麻省理工学院设立了"国际汽车计划项目"(IMVP)课题。斯隆基金、全球大多数汽车制造商和零配件供应商以及数家政府及产业组织为此项目出资数百万美元。Michael A. Cusumano 教授领导的小组负责这个课题中的产品开发专题。他们的成果之一就是提出了汽车制造商如何利用共享零部件设计产品,公司如何协调在战略上、技术上、组织上彼此关联的项目。有关数据表明,在 20 世纪 90 年代,日本公司已在项目开发中更多地使用通用部件。这一做法和美国公司截然不同,后者在 20 世纪 90 年代很少强调使用通用部件。同期廉价的日本汽车在美国和全球的市场占有率迅速上升(Cusumano and Nobeka 1998)。课题组最后提出了超越精益思想的多项目管理思想:为实现公司赢利的目标,并降低成本创造产品组合,最好的办法是将公司和组织的思考方式转移到多项目模式。现在,美国的汽车制造商接受了平台共享和多项目管理的思想,随后美国汽车制造商市场份额下降的趋势出现了逆转。

按照 Cusumano 和 Nobeka(1998)的观点,对于企业经理而言,在现实中,多项目管理思想比单一项目管理更适用。大多数公司生产的产品不止一种,同时开发的新产品也不止一种,尽管公司不必刻意通过共享零部件的方式把不同的项目联系在一起,但是,如果公司的多个项目正在争夺公司的主要的工程师、财务资源或者市场上相类似的目标顾客时,公司就需要适当地使用多项目管理方式。事实上,这就是项目群管理的雏形。

②项目组合管理(Projects Portfolio Management)。

项目组合管理(Projects Portfolio Management)的思想来源于诺贝尔经济学奖获得者Harry Markowitz的投资组合理论,其中组合(Portfolio)一词源于金融证券投资中的投资组合的概念。进行组合管理,是基于“不要把所有的鸡蛋放在同一个篮子里”的风险分散和规避的理念。文献中关于项目组合管理的研究大多集中于投资项目、技术管理和创新,或者研发项目(R&D)的管理。

同项目群一样,项目组合的概念也有多种描述,本书给出几个有代表性的概念:

a. 项目组合是指为了实现战略目标而组合在一起管理的项目、项目群、子项目组合和运营工作。项目组合中的项目或项目群不一定彼此依赖或直接相关。(如图2-1所示,图中“项目集”即是本书所称“项目群”)。例如,以投资回报最大化为战略目标的某基础设施公司,可以把油气、供电、供水、道路、铁路、机场等项目混合成一个项目组合。在这些项目中,公司又可以把相互关联的项目作为项目群来管理。所有供电项目合成供电项目群,所有供水项目合成供水项目群。如此,供电项目群和供水项目群就是基础设施公司企业级项目组合中的基本组成部分(PMBOK 2013)。

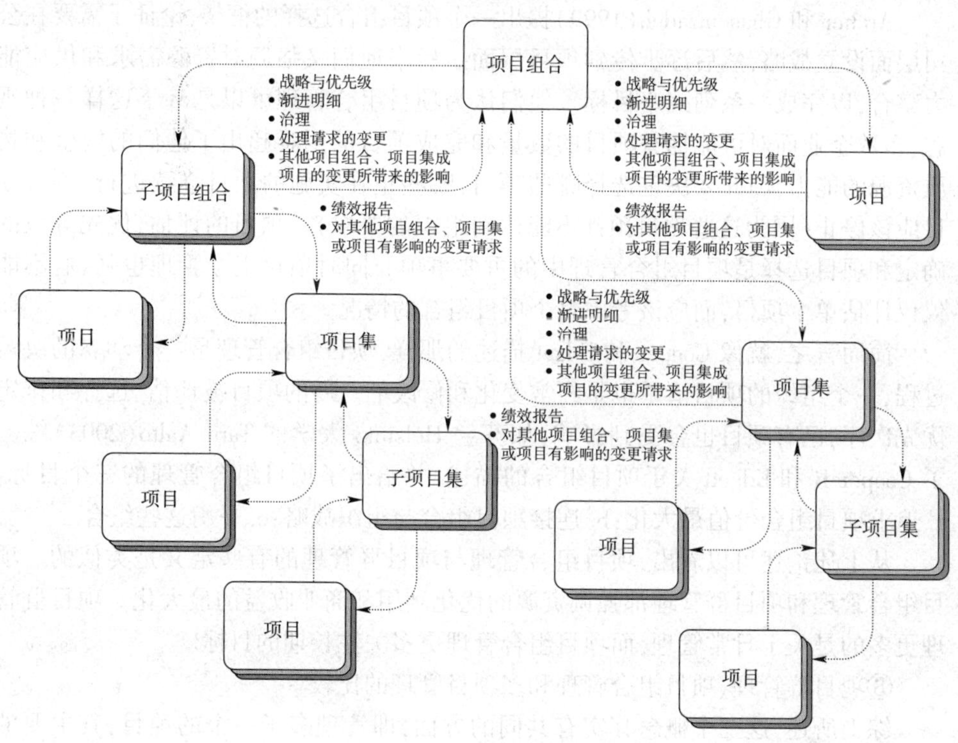

图2-1 项目组合、项目群和项目(PMBOK 2013)

b. 项目组合是具有共同目标的若干个项目群的集合,而项目群进一步由具有共同目标的项目组成,这些项目群组合在一起共同形成组织的目标(Välimäki,cited Aalto T. 2000)。

c. 一个项目组合是一些并行管理的项目的集合,同处于一个"管理伞"之下,每个项目与其他项目之间存在相互联系或相互影响(Thiry 2004)。

d. 项目组合管理是选择、实施最好的项目(或对项目优先等级排序)。因此,项目管理是"Do the project right",而项目组合管理主要是强调"Do the right project",最终追求的是"Do the right project right(Davier 2004)。

Cooper 和 Edgett(2000)给出的项目组合管理定义是:项目组合管理是一个动态的决策过程,包括新项目的评定、选择和优先级的确定,正在实施项目的加速、停止或优先等级改变,资源的分配等,这个决策过程要考虑不确定性和变化的信息、动态的机会、多个目标和战略。他们认为项目组合处在项目群的上一个层次,管理整个项目组合与管理这些项目群有许多相同的特征,这个项目组合不过是更宽范围不同类型的项目集合。

Archer 和 Ghasemzadeh(1999)提出一个项目组合选择的框架,论证了需要在公司层面设立战略,然后逐步传到项目层面。后来他们又强调对资源需求和供应能力整合,以完成一系列战略目标。他们认为项目组合管理可以是基于这样一种观念:多数企业面对可能拥有项目的数量和完成项目的困难超出了他们的资金和物质资源的能力,因此要决定选择哪些项目,哪些正在实施的项目继续进行,哪些项目应该停止(因为这些项目预计不能达到组织的要求)。项目的评估、优先等级的确定和项目选择是项目组合管理中的重要事项。同时项目组合管理也强调:不能仅仅评估单个项目,而应该考虑整个项目组合的情况。

简而言之,就像 Cooper 和 Edget 描述的那样,项目组合管理是一个动态的决策过程,一个组织的项目清单也是经常变化和修改的。新的项目被评估、选择和排定优先次序,已有项目也会受到影响,如芬兰 Helsinki 大学的 Taru Aalto(2003)综合了 Cooper R 和 Edgett 关于项目组合的描述,并给出了项目组合管理的三个目标:a. 追求项目组合价值最大化;b. 连接项目组合与组织战略;c. 平衡这些组合。

从上述论述可以看出,项目组合管理与项目群管理的有些定义是类似的。项目组合管理和项目群管理都强调资源的优化利用和商业收益的最大化。项目群管理更多的是关于日常管理,而项目组合管理更多关注长期的目标。

③项目群管理、项目组合管理和多项目管理的比较。

综上所述,这三个概念其实有共同的方面,即管理多于一个的项目,其主要的不同见表 2-3。

项目群管理、项目组合管理和多项目管理　　表 2-3

类型	项目群管理	项目组合管理	多项目管理
目的	协同管理,资源共享	项目筛选和优先等级确定	资源分配
重点	组织战略	组织战略	战术
计划编制重点	长期和中期计划	长期和中期计划	短期
职责归属	项目群经理（中、高层管理人员）	经理人/高级管理人员	项目经理和资源经理

总之,项目组合管理是关于项目选择和优先等级的评定,是高级管理层面的任务,集中关注战略性中长期目标的实现;多项目管理通常是处理多个相互独立的不同目标。多项目更多地关注项目自身的资源管理(Fricke and Shenhar 2000),而项目群包含的内容更多。一个项目群可以看成是一些相关的项目组成的一个“家庭”,除了运用技术手段管理稀缺资源的持续性,项目群管理还要关注所在项目组合的发展(Pellegrinelli 1997)。

项目组合由一系列支持特定的更高级别战略的项目群和项目组成,如图 2-2 所示。一般认为公司级的项目组合只会有一个,但通常大型组织需要以战略为基础定义多个组合,以反映组织的产品线、按地理位置或技术划分的公司、行业和市场。

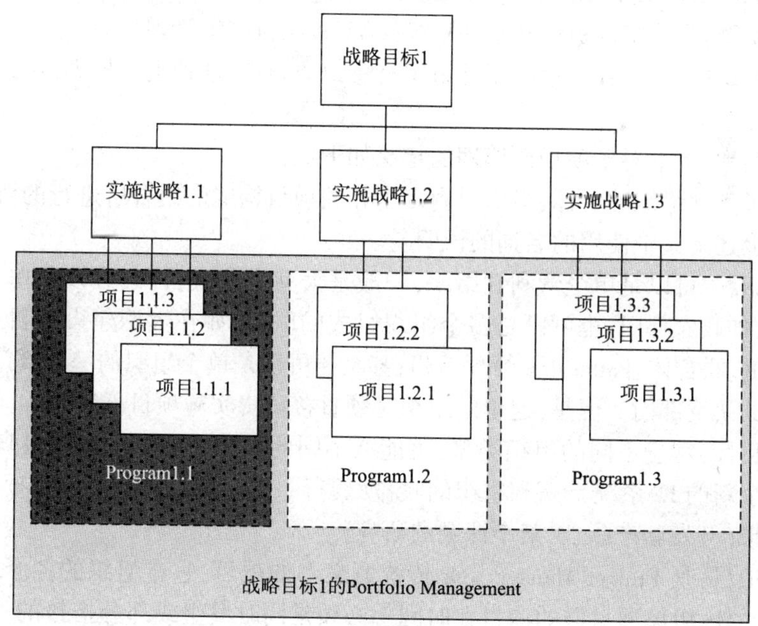

图 2-2　战略、项目、项目群和项目组合示意图(After Archibald 2003)

除了上述几个和项目群管理密切相关的概念以外，还有一些新的术语与项目群管理相关。如并行工程、产品交付流程、产品同步开发、产品流程整合、产品实现流程和跨文化管理等。例如，并行工程通过同时设计、生产以缩短完成时间而获得收益。并行工程的这种观点也可以包含在项目群的设计中。因此，并行工程可以看成是项目群管理的一种形式。

(4)本研究的定义及相关术语解释

项目群管理不是单个项目的简单叠加，需要独特的管理方法、技术和工具。这一点已被许多学者和实践者论证和解释(Turner 1999；Sandvold 1998；and Williams 1999)。下面给出本研究对于项目群及项目群管理的定义以及本书对相关术语的解释。

项目群是对基于共同目标的现有和即将实施的项目进行集群的一种组织框架。

对这个定义中所使用的术语解释如下：

①共同目标：项目群中的这些项目基于共同的目标体系，以适应组织内部、外部环境的方式相互关联。

②现有和即将实施：项目群中的项目组成是变化的，伴随着原有项目的交付或“中途终止”，也有新项目的产生和加入。

③集群：为了实现资源共享和规模经济，将项目归组管理。

④组织框架：项目的集群需要组织有意识的归集，这种组织框架的形成是组织行为的结果。

相应地，本书对于项目群管理的定义如下：

为了实现组织的目标，组织对由多个相关项目构成的组合所进行的协同管理。

对上述定义中使用的名词的说明：

①组织：可以是单个营利性组织，一般是大型企业或公司；可以是单个非营利的机构，如政府部门；也可以是多个组织组成的联盟，如在大型建设项目中进行合作的PMC联合体、Patterning管理部门；甚至还可以是单个组织的一个部门，如总承包企业的研发部门。但是，这里的组织必须直接负责实施项目群管理。

②目标：对应不同的组织类型，可能有不同的具体目标，如：组织自身变革(如推行一个新的IT系统)、赢利组织的收益(履行一个合同)、组织自身需要的实体可交付成果(开发新产品、对某个课题的研究)。

③项目：是Project Management传统意义上的项目，它在组织的各个层次上被执行。此外，组成项目群的项目在时间上必须是同时发生或部分搭接的，在地理上可能是分布的。

④组合:必须是由与实现组织目标相关的项目构成,项目之间存在逻辑关系。组合包括的项目不一定是固定的,所以项目总和不完全等同于组合。组合占有的组织资源是有限的。

⑤协同管理:其内容和传统意义上 Project Management 的工作有很大区别,主要包括确保项目群进展始终与组织目标一致,多个项目的资源调配,多个项目的进度安排,对各个项目实施的监督等。更重要的是对协同效应的追求,只有产生了 2 +2 >4 的结果,项目群管理才有其存在的必要性。而协同效应来自于组织流程的改善和多个项目之间资源的优化配置、共享。总之,项目群管理关注的重点是整个组织的收益最大化。

在本研究的后文中还会经常用到其他与项目群管理相关的术语,因此有必要界定这些术语在本研究中的应用:

①项目群管理:本研究的核心内容,当描述多个关联项目的协调管理时主要应用术语。一个项目群是这样一个框架:a. 由多个相互关联的项目组成;b. 长期目标不是十分明确;c. 重点关注组织的利益或战略目标;d. 为项目之间的协调提供解决方案,并且通常是一项大型的任务。在本质上,所有的项目群都包含一些项目,这些项目是以成组的形式运行的,项目之间表现出一定的相互依赖性。

②多项目管理:当描述特定的多项目环境是用此术语,以强调与单个项目的区别。多项目环境仅是强调一个组织中项目的多样性,不强调项目之间的相关性。

③项目组合管理:当强调项目的选择和评定时,特别是用来描述组织的战略决策时使用。为一个组织内项目群的集合体,集合体之间在组织和管理模式上不具有可参照性。项目群是上述广义定义的项目组合集合体的组成部分。例如一个公司确定进入房地产市场,笔者认为是其所有房地产项目组成一个项目组合,而其中写字楼盘的项目为一个项目群,由具体的多个项目组成。

2.1.2　项目群管理的实施

项目群管理成功实施的最好例证是汽车制造业的研发项目,汽车生产企业通过设立“共享平台”,设计技术可以在多个新产品之间转移。长期以来,汽车生产商已认识到,无论项目经理如何出色地管理项目,公司还是会掉进在每个项目上强调实现产品开发最优化的陷阱。而采用项目群管理模式则不同,这意味着公司可以开发数件全新的产品,但在开发通用零部件上的时间却和开发单个项目所花的时间一样,并将通用零部件在多个项目上共享;另外还可以协调各个项目。丰田公司在这方面做得非常成功,他们的产品家族既共享设计概念,又共享核心零部件和基础技术。图 2-3 揭示了汽车公司如何将项目联系起来,以共享平台技术。这四种策略涵盖了所有的开发项目,彼此也不重复。

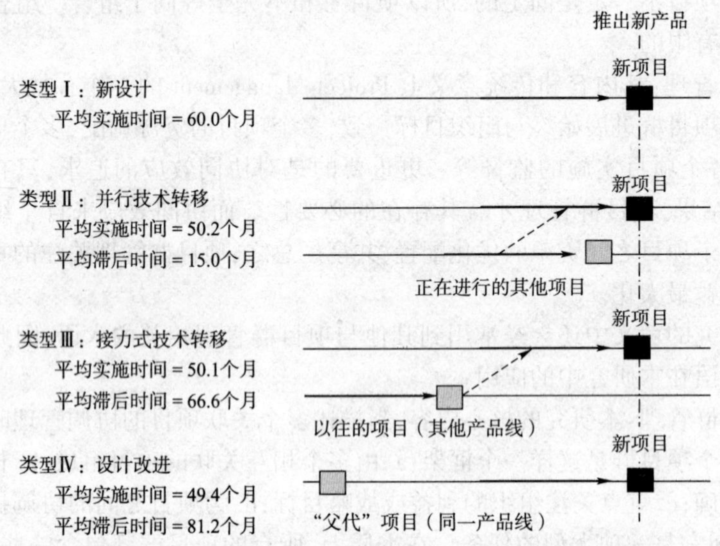

图 2-3　汽车设计技术转移的策略类型(After Cusumano and Nobeka 1998)

第一种类型是新设计,即从草图开始开发平台的项目。如果要将最新的技术或全新的技术融入产品,并不向开发小组设置任何限制,采用新设计项目策略是最合适的。

第二、第三种项目策略要求这些项目和公司的其他项目共享平台。第二种策略是并行技术转移。在这一战略中,新项目在基础项目完成设计工作以前,就开始借用基础平台或上一个项目的平台。从图 2-3 中可以看出,这种转移发生的滞后时间最短,平均为 15 个月。通过利用开发阶段在时间上的衔接,新项目的工程师和基础项目的工程师可以讨论如何调整平台和零部件设计。可以说,这种衔接为提高技术共享的效用和效率提供了机会。当然,为了实现平台共享,两个(或多个)互相关联的项目需要广泛协调,采用某些多项目管理模式(项目群管理或组合管理)。

第三种项目策略是接力式技术转移。这一策略只有在基础项目完成设计工作后,新项目才开始使用基础项目的平台,即第二个项目继续使用业已存在的、现成的平台设计,并随着基础模型不断发展(和在并行技术转移中一样),和转移的设计相比,重新利用的平台相对比较落后。另外,由于两个项目的工程师无法根据不同的产品调整平台,在接力式技术转移中设计受到很大的限制。因此,接力式技术转移在效用和效率方面都不如并行技术转移。

第四种策略是设计改进。这些项目不再设计新的平台,也不向其他产品线借用平台,只对现有产品提出改进方案。这和接力式技术转移有相似之处。当然,在设计改进中,并不存在从其他项目平台转移技术的问题。这类项目也不存在随时和基础项目协调的问题。因此,工程师受到原平台的限制非常大。

Cusumano and Nobeka(1998)通过对克莱斯勒、雷诺和本田三家公司跟踪研究发现:和使用其他策略的公司相比,更多地使用并行技术转移策略(即,在每项新平台设计完成后能很快推出第二项新产品)的汽车制造商在三年内的增长速度要高出37%~68%,工时数节约33%~64%,开发时间则比利用新平台设计的项目少12%~17%。可见,在这四种项目策略中,第二种类型由于采用了项目群管理思想,使得企业的经营状况要好得多。

然而,汽车制造业并不是唯一使用项目群管理技术的行业,在此之前,项目群管理的技术和程序早已应用在研发(R&D)项目和软件开发项目上。

总之,项目群管理关注的是效益。因此,不能简单地将"项目群"视为"大项目"(Pellegrinelli 1997),下面从四个方面(项目群管理的目标和作用、项目群管理的组织、项目群的类型以及项目群管理的方法和手段)综述项目群管理的实施现状、方法以及存在的问题,而解决这些问题正是本研究努力的方向。

(1)项目群管理的作用和目标

实施项目群管理可以带来的收益包括(Pellegrinelli 1997):

①组织高层对所有项目有一个总体了解,有更加全面的进展汇报系统(项目管理的报告系统集中于计划和特定目标的业绩,而项目群报告系统通过跟踪相关竞争者的发展,强调的重点是战略绩效)。

②明确的项目优先等级(每个项目在组织总体发展中的角色是明确的,即使资源已经分配给某些项目,为了保证关键项目,组织也可以重新分配资源)。

③组织的资源更加有效利用(在一个项目群内,资源得到充分有效配置)。

④业务需求驱动项目(项目经理和直线经理目标统一)。

⑤较好的规划和协调(减少大量工作积压和重复性工作)。

⑥清晰识别和了解各种依赖关系(对现有系统和其他项目之间的界面有效管理)。

尽管不能保证上述所有收益都能同时实现,但项目群管理能确保配置在项目上的大多数资源(如人力资源、资金和时间)和努力是为了追求组织价值最大化而进行的。然而,需要注意的是,成功的成果交付并不是必须依赖于成功的项目(Reiss 2000)。一个成果较差的项目也可以产生收益(为了整个项目群的收益而作出的妥协)。事实上,各个项目收益之间通常存在一种间接的联系,最终目标是追求项目群中所有项目交付成果总和最大化。所以,在一个项目群内,根据项目赢利方式对其分类是非常有帮助的。Reiss(2000)把项目分成了四类:

①直接项目:直接产生收益的项目。

②催化项目:项目本身不直接产生收益,但对其他项目产生收益有很大的作用。

③搭乘项目:只有其他项目产生收益,这类项目才能有所收益。

④协同项目:一组项目,只有组成一个项目群才有可能产生收益,单独没有任何贡献(或贡献很小)。

为了维护项目群的收益,需要对其组成不断调整,但这些调整应避免由于内部或者外部环境的改变而对项目群的收益造成侵蚀,这种现象通常叫做"利益蠕变(Benefits Creep)"(Reiss 2000)。为了防止这种"利益蠕变"的产生,获得最大的利益,项目群管理需要采取终止、改进项目或者引入新项目等措施。另外,成功的项目群管理也需要有一个特定的方式将项目分组集群。

通常把共享资源、共有设计、共用软件或同一承包商作为分组集群时考虑的因素(Ferns 1991),这样有利于运作的集中化。Levitt 和 Kunz(2002)认为,这样可以把传统的、基于"执行—纠偏"的项目计划和实施流程转变为一个便于管理的、重复的计划和实施过程。例如,多个相似住宅楼项目的设计和施工,归集于一个项目群中更加便于管理。因此,所有项目型组织的成功依赖于正确的项目选择和有效的组织实施。

在组织确定是否去争取另外一个项目时,要考虑这个新项目对于现在"篮子"里的项目有什么影响。如果组织现有的项目已经很多,再承接额外的项目是不明智的,但却是非常可能的(这符合人和组织的贪婪性)。因此,项目选择过程的最主要优点是业务经理和项目群经理都可以明确地识别每个项目群的特定目标,以获得最大的收益。

站在组织的角度,项目经理不是监控项目收益的合适人选,事实证明交付项目和交付利益的角色应该是分离的。因为项目经理不会考虑他们所从事的项目是否适宜,他们的任务是完成项目目标(Reiss 2000),而项目群经理通常要向项目群业主(同一个业主型项目群)负责利益的交付。在这种情况下,项目群经理负责这个项目群中所有项目之间的界面和相互协作。当然,这就意味着项目群经理监督项目经理。有时为了便于管理,项目群经理可以由一个总经理兼任,也可以由一个项目经理兼任(Archibald 2003)。然而,每个项目群具体的管理安排依赖于项目群要实现的绩效期望、参与者的能力和对项目群的了解等。只有将财务指标、绩效期望和实际完成的业绩结合起来考虑,才能提高员工的工作效率。因此,项目群经理要

协调统一项目目标的完成和项目群收益的实现。其实,许多开创性的思考方式,都是减少对细节的注意,而更多地关注总体收益的获取。如建设行业的总承包管理模式就是如此。

事实证明,项目群管理也有利于项目团队之间的沟通。各项目团队成员具有不同的专业背景,不同项目团队成员之间可以共享信息,相互交流。这将促进组织各个层次的发展,项目群经理常被看成是公司其他员工的导师和教练。项目群管理的一个重要工作是当多个项目同时实施时,将合适的人配置在适当的项目上,这就需要一些方法和技术来描述项目目标和项目群收益的关系,以及他们之间的相互影响。因此,必须寻求项目选择和资源分配的模型,这个模型要实现项目群管理的最基本的目标:满足商业需求,产生增值和降低风险。

(2)项目群管理的组织

对于任何类型的商业组织来说,对组织实现目标的途径有一个清晰的观察是非常重要的。为此,组织需要对其运作流程有一个全面的洞察和理解,最好的方式是对运作流程作出清晰的描述, ISO 9000 系列标准对此也有明确的要求。然而,由于缺乏结构性和文件性的运作流程规定,企业通常致力于设置一个不切实际的、过高的业绩目标,要求组织成员限期完成,结果是员工只有采用加班加点或其他各种“英雄主义”行为去实现这些目标。事实上,按照 Wheelwright 和 Clark(1992)观点,那些核心技术发展较快和项目完成时间较短的企业,普遍存在这种“英雄主义”文化。然而,“英雄主义式的管理”不是一种可持续的战略,组织真正需要的是较好的管理方法和适当的组织结构。其实,世界上有许多著名的企业已将项目群管理视为一个组织层面的管理战略,凭此可以对他们组织的流程和绩效有一个全面、清晰的观察(Rubin et al 2002)。

项目型组织的客户总是期望能以最低的成本、最短的工期和最好的质量完成项目,这就意味着提供服务的企业需要运用全新的方法调整组织的结构。由于项目群管理既可以应用于组织的局部也适用于整个组织,因此项目群管理的实施相对来说不受约束限制。

一个常用的运作机制是将组织的整个项目组合分成几个群体并各任命一个总经理(项目群经理),处在单个项目经理之上。在许多汽车制造企业中,这些复杂新产品开发项目的高级总经理(项目群经理)通常叫做平台经理,并同时对几个新产品开发项目负责(Cusumano and Nobeoka 1998)。这些不同的汽车制造商所采用的分组方式可以总结为以下三个基本的类型:

①“设计导向” 群体(例如:小型、中型和大型轿车;前轮驱动和后轮驱动)——丰田、福特、克莱斯勒、菲亚特和雷诺。

②“车间导向”群体(例如:在车间 A、车间 B、车间 C 的产品生产)——本田。

③“客户导向”群体(例如:豪华型、经济型、运动型和休闲型的市场细分)——尼桑、马自达和三菱。

这些不同的分类反映了各个公司项目群战略的优先等级,每个群体集中关注一个领域产品的有效设计、制造或营销。特别是当某些领域变得非常重要时,他们仍能在一个正式的组织架构内联合起来。

图 2-4 所示是两种典型的项目群组织结构。第一类 a)是矩阵型,特征是项目管理和职能管理的交叉。但在 a)类组织中也包括项目群经理,他们监督管理几个项目经理(图中用小黑点标识),并且也向公司 CEO 汇报。如果项目中包括众多的技术和功能群体,就需要这类组织结构。第二类组织结构 b),是一个标准的等级制组织。组织类型 b)已被修正,就是增加了项目群经理,他可以直接向 CEO 汇报,他也管理许多项目经理(在图中也是用小黑点标识)。特别是当项目群包括无数的小项目时,组织类型 b)更加常用。

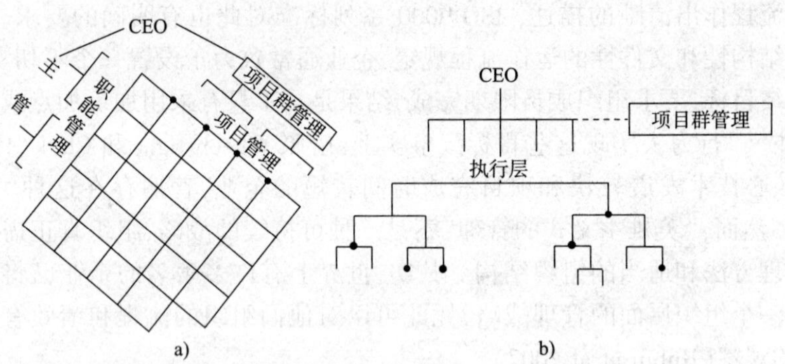

图 2-4 项目群组织结构(After Ferns 1991)

项目群组织也可以分成下面四种基本类型:①多项目组织;②巨型项目组织;③单一客户组织;④项目群管理组织(Reiss 1996)。它们的特征如下:

a. 多项目组织。在这类组织内,项目群管理领导一个项目组合,按照统一的路径进行管理以获得额外的收益。通常,如存在多个小型的项目,并且这些项目单独管理累积起来的经济风险等于或大于按照一个大项目管理出现的经济风险时,就有必要采用多项目管理组织(Archibald 2003)。这种类型的组织与一个项目型组织最根本的不同在于:各自关注的成功因素、资源分配和组织柔性不同(Fricke and Shenhar 2000)。关于这类项目群组织涉及的其他一些问题正在研究之中(Pennypacker and Dye 2002)。

b. 巨型项目组织。这类项目群管理组织为了一个特定的目标,领导一个项目组合的管理工作(Reiss 1996)。NASA 的 Apollo 空间计划是巨型项目组织的一个很好的实例。

c. 单一客户组织。单一客户组织管理着组织中为同一个客户服务的一系列项目(Reiss 1996)。这类组织的一个最好的实例是工程总承包项目的实施。企业和业主以合同方式形成一个项目联盟,涵盖了几乎所有业主的项目组合。总承包企业从稳固的工作流中获益,业主从优惠的价格中受益。

d. 项目群管理组织。这类组织关注的是由目标相同的项目组成的组合的管理;或者是为了适应不断变化的业务需求,协调项目的计划、优先等级和控制(Reiss 1996)。与其他类型项目群组织不同的是,这类项目群组织关注自身目标和需求。多数项目型组织还没有证据表明能担此重任。因此,项目群管理组织存在的数量很少(Stephen 2004)。

从业务流程改造、项目分组,到项目群组织分类,项目群管理对各类组织都有深远的影响。项目群组织的另一个方向是为项目群管理组建一个特定的实体,这个实体包括参与项目群的各方代表:业主代理、咨询工程师、承包商和设备供应商。事实上,国际建筑业界近几年流行的 Partnering 的建设模式就是项目群管理思想的具体表现。

(3)项目群的类型

项目群的培育是为了应对市场竞争,政策、技术环境的频繁变化和不确定性。由于立足于更宽广的视野,项目群通过项目的交付确保每个参与方的利益,而不是仅仅满足于业主或发起人的要求(Pellegrinelli 1997)。但项目群必须是为了价值最大化而设立。因此,学者们提出了几个特定的项目群类型,以实现不同形式的收益。

Pellcgrinelli(1997)提出了三个基本的项目群类型:①组合型;②心跳型;③目标导向型。组合型项目群通常是通过以资源有效利用的观念关注管理项目的过程。即使组合内的项目有共同的主题,组合型项目群也可以将组合内的项目分成几个小组,使小组之间相对独立,组合型项目群内的各个项目从一个共同的“资源库”中获得各自的收益。相比而言,心跳型项目群通过增加一些功能来逐步提高现有的流程,对管理内部项目非常有用。目标导向型项目群是将模糊的、不完整的、进展中的业务战略转变成具体的行动。例如,国际空间站就是这类项目群的实例。对这三类项目群和项目的描述如图 2-5 所示。

有些学者用不同的术语描述这三类项目群。Ferns(1991)分别用业务循环型、战略型和单目标型来描述组合型、心跳型和目标导向型项目群。Gray(1999)根据项目群的收益方是外部还是内部,引入了交付型和平台型项目群作为上述项目群分类的补充。Gray(1999)还认为,交付型和平台型项目群之间的相互作用可以通过自有的规律而有效调控,就像各自独立的贸易实体之间交易调节一样。换句话说,项目群管理维持着企业和他们的顾客之间的互利合作。然而,为了达到双赢局面,企业必须在整个组织范围内实施项目群管理。

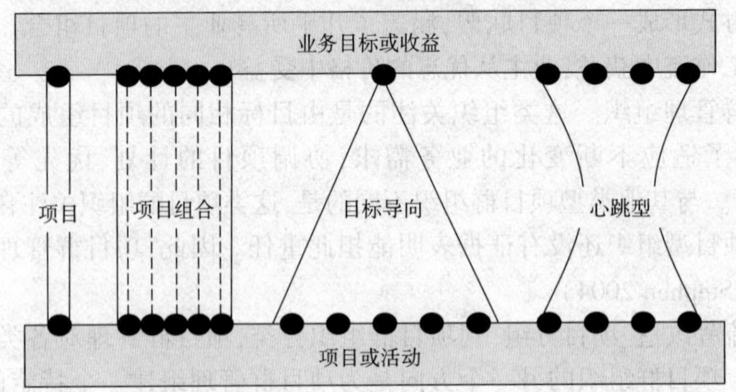

图 2-5　项目群类型:组合、目标导向和心跳型(After Pellegrinelli 1997)

对于成功管理项目群,Payne(1995)从组织的五个主要方面进行了讨论:能力、复杂性、冲突、承诺和氛围。能力是指组织为多个项目提供充足资源的能力,他认为很少有组织能在资源需求和供应之间达到平衡,很少有组织发现承接项目的规模超出了可用资源的限度;复杂性是存在于项目之间、项目和组织之间以及项目干系人之间的多个界面;冲突出现在人、系统和组织中;承诺是指对项目群中的项目个体的承诺,如人员投入、资源供应等,这涉及到项目的优先等级评定,并且通常受到未来项目的不确定性影响,因此,项目型组织不能仅根据项目的大小确定重要程度,而应强调项目对组织的贡献;氛围是项目实施的环境,如组织或社会的文化、流程和行为道德,组织在实施项目群时,应分析组织和项目活动的氛围。

组织还可以按照许多方法实施项目群。比较著名的是 Gray(1997)提出的三个项目群模型:①松散型;②牢固型;③开放型(图 2-6)。

尽管管理模型不同,但这些组织模型中的每一种都涉及到上述项目群成功实施的五个方面。企业更愿意采用牢固型的项目群模型,可以充分发挥整体优势,但组织应用这种模式带来的问题是:如果缺少了上级的命令,下面的项目就失去了方向。相比而言,组织应用松散型模型,视项目群为一个便于汇总和汇报的整体,对于高层领导来说有重要的作用。一些组织为了让项目经理便于获得其他项目的目标、进展、成果的信息,采用了比松散型模型更为松散的模式,组织将项目的决策权授予项目经理,这就是开放型模型。然而,无论组织采用什么模型,成功实施项目群的另外一个重要因素是其所包含项目自身的特性。

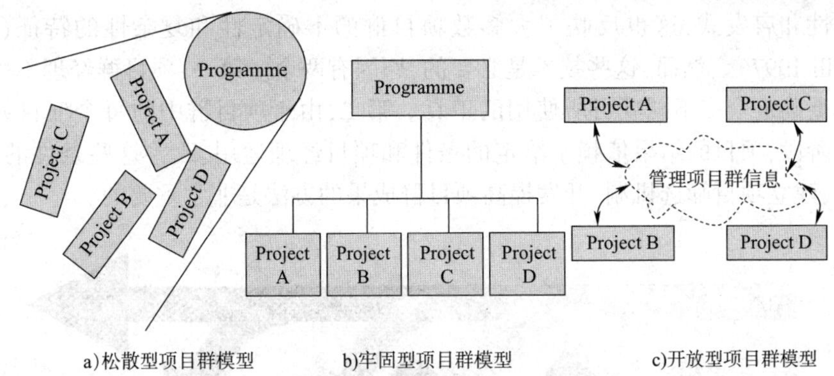

图 2-6　Gray 的三种项目群模型(After Gray 1997)

Reiss(1997)把项目分成:运作型、中间型和陌生型。这种分类非常重要,因为每类项目的特性影响所在项目群的管理方式。运作型项目是企业熟悉的、低风险的项目,出现的频率很高;中间型发生的频率稍低,中度风险;陌生型是高度风险,第一次出现,尽管有能力实施,但对于组织来说不是十分熟悉。除了上述分类,还可以把项目分成开放型和封闭型。封闭型项目的活动是可以提前预知的;而开放型项目开始于一个模糊的范围,项目实施过程中会产生许多新的活动。"这两类的区别可以称为是计划好的还是要去计划的"(Reiss1997)。这种区分非常重要,因为只有开放型项目才可能出现更大的风险。

为了实现项目群的总体目标,项目群中的项目成功的程度各不相同。因此,项目群和项目最基本的区别之一是活动的持续时间。与项目不同,项目群并不一定需要有一个明确的、定义好的交付成果,甚至是时间跨度。这在一定程度上是因为一个项目群仅仅是一个开始,是一个新客户、一个业务需求或者一个现有项目群的检查结果。因此,一个项目群的运作更像一个滚动的螺旋,开始于定义和计划,接着进入的阶段就是项目交付成果的阶段(Pellegrinelli 1997)。如果确定业务需要,这个项目群将得到更新并继续"滚动",否则,这个项目群就解散。如果有些项目由于自身扩张导致成果的交付跨越几个更新阶段,那么,项目群的更新可以在这些项目的交付之前进行。因此,上述三种基本的项目群模式的运作可以分成五个相互独立阶段:启动、定义和计划、项目交付、更新、解散。如图 2-7 所示。

可以看出,每个项目群阶段的管理都必须包括统一的项目分类、度量和项目优先等级的评定,还必须有充足的资源和全面的监管,才能达到项目群的战略目标。

(4)项目群管理的方法和手段

为了成功实施项目群管理,项目群经理需要一些必要的技术和方法辅助,而不能仅靠感觉进行决策。与传统项目管理的一些方法相比,这些技术和方法更趋向于定性和启发式，这也反映了大多数项目群的不确定性和复杂性的特征（Pellegrinelli 1997）。然而，这些技术是必要的，原因有两个。第一，项目群经理不可能从总体上确定众多不同项目所使用的工具。第二，由于项目群中的每个项目处在不同的阶段，项目的结果依赖于给定的条件和项目经理运用、改善这些条件的能力，因此，建立项目筛选机制，开发提高项目群成果的方法是非常重要的。

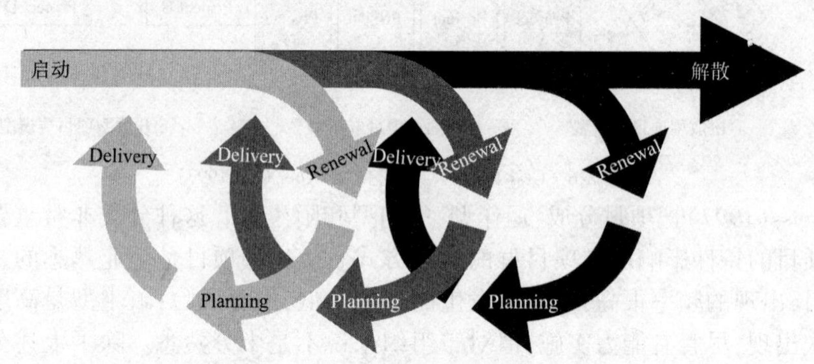

图 2-7　项目群螺旋（After Pellegrinelli 1997）

企业还应更多地关注项目群中的项目归集和调配的管理（Fricke and Shenhar 2000）。项目群管理的一个主要特征是对环境变化的快速响应。例如，如果某个项目群中正在开发的某个项目和产品不符合市场需求，企业应迅速决定停止该项目，转而开发其他项目。这就意味着需要对该项目群进行调整，还意味着企业需要关注怎样在项目之间分配资源，以及怎样改变才能提高项目的业绩。

项目群管理要解决的三个最基本的问题是（Turner and Speiser 1992）：①资源分配；②项目选择；③应对“幻影”项目。图 2-8 显示的是在一个项目群内，为了更好地分配和平衡资源，移动一个项目的方法。而图 2-9 显示的是为了达到相同的目的，拉伸多个项目的方法。

图 2-8 和图 2-9 所示的方法可以用在项目选择系统中帮助评估每个项目群的处境（如项目、客户和承包商），还可以预计这个项目群对整个企业的影响。有些组织用专家打分方法建立选择项目评定标准。无论怎样执行，可以明确的是，按照一定的流程选择项目可以提高项目群的成功率。特别是对那些“幻影”项目，是否启动，是自上而下，还是自下而上。

图 2-10 所示的是用甘特图（又叫横道图、条状图）表示一个项目群中项目的安排，描述的是“理想的”、“失控的”和“有效管理的”三种形式。项目群管理计划的任务之一是避免出现“失控的”状态；而只有完全相同的项目组成的项目群才能达

到“理想的”状态，因此，“有效管理的”形式是项目群管理计划追求的目标。

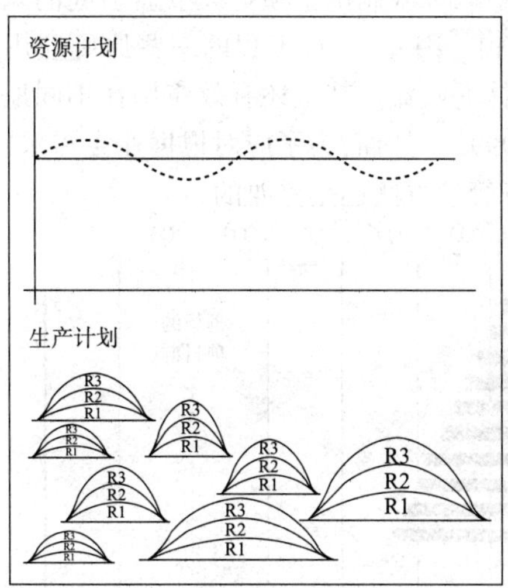

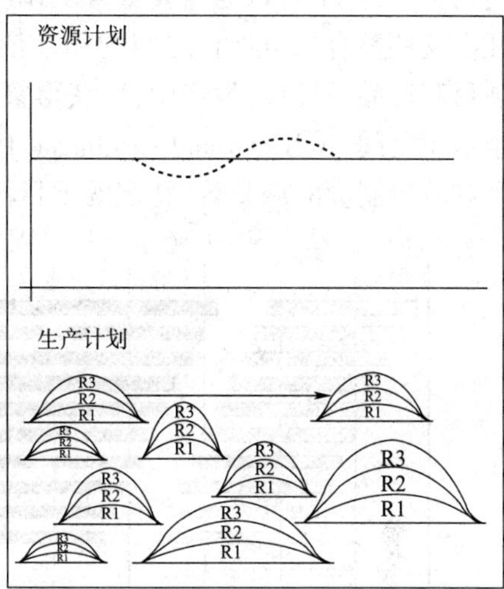

图 2-8 移动一个项目(After Turner and Speiser 1992)

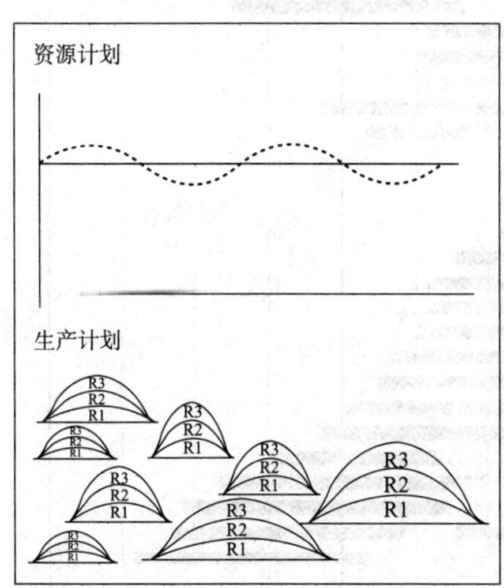

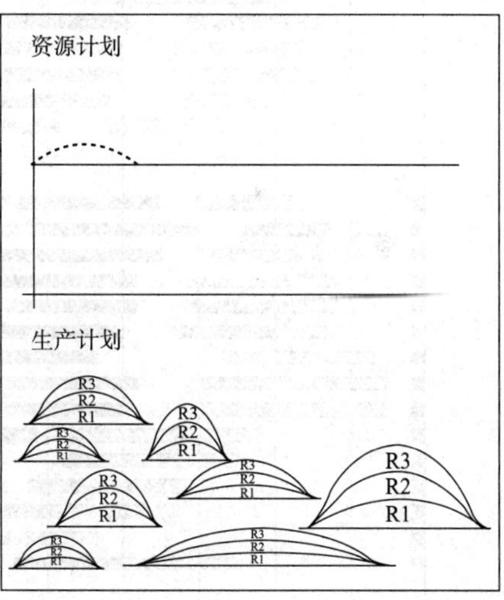

图 2-9 拉伸项目(After Turner and Speiser 1992)

风险分析也是项目群管理需要关注的主要问题。在项目层次上的风险分析是指在项目开始时分析影响一个项目达到其预定的时间、成本和质量目标的因素，而在项目群层次上的风险分析涉及更多的问题。因此，任何一个项目群必须做到：在预期的时间获得收益;维持和提高组织的竞争地位(Pellegrinelli 1997)。为了实现这些目标,有些学者认为需要整合工作流程,以限制由于项目失败而引起的风险和责任。这些整合来自项目之间的相互依赖。因此,并行工程的一些原则应用在多个项目和产品的设计、生产中,以获得整体的收益。甚至还有效应用在不同地域的多个组织之间(Nobeoka and Cusumano 1999)。然而,为了应对根据业主需求、市场竞争和政府制度的调整等,特定的项目群管理方法还是需要的。

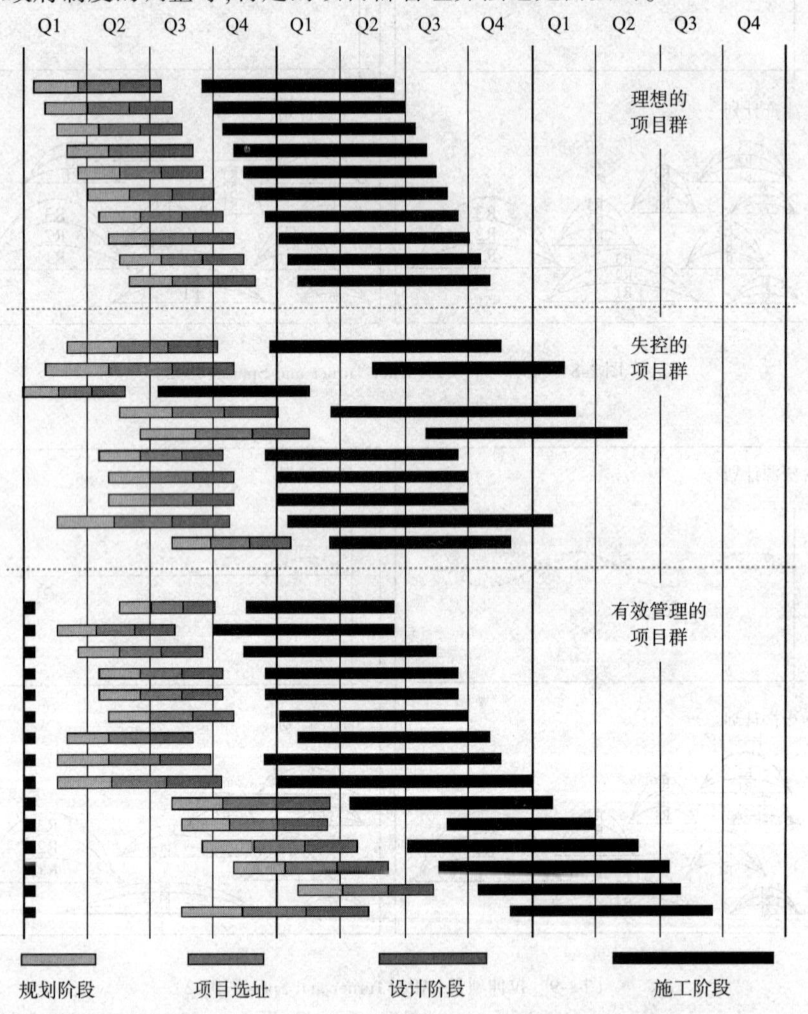

图 2-10 理想的、失控的和有效管理的项目群(Branch,cited Stephen 2004)

本小节综述了项目群管理实施的研究现状,这为本书构建适用于建筑业的项目群管理模式奠定了基础。下面讨论与项目群管理相关的理论研究。

2.2 战略管理与项目管理的整合

2.2.1 从战略制定到战略执行

战略的重要性几乎已被所有的组织认可。在过去的几十年,特别是自20世纪80年代以来,日益复杂的经营环境使企业决策者们逐渐将他们的注意力转到如何获得和维持企业的经济效益上来。以经营利润来判断企业成败的做法使得大家越来越对制定企业的战略目标产生浓厚的兴趣。因此,战略上升到显著的位置。

但是,一项以275名各类管理者为研究对象的研究表明,战略实施的能力比战略本身的质量更为重要,这与过去强调战略设计重要性的观点截然不同。一项针对管理咨询顾问的调查表明,好战略得到成功实施的比例不到10%,Charan和Colvin研究CEO的失败原因时得出结论:在大部分案例中(估计有70%),真正的问题不是糟糕的战略,而是糟糕的战略实施(Kaplan and Norton 2001)。

为什么组织精心制定的战略不能实现?Kaplan and Norton(2001)指出,战略实现需要所有经营单位、辅助单位和员工的密切合作,同时需要与战略联系起来。David Partinton(2001)认为,在战略管理的早期研究中,分析家们曾试图通过企业实施的战略来找出获得最大利益的最佳管理方案。他们的重点在于确定什么样的战略可以成功,而不是应如何来实施这些战略。其结果是,在20世纪60—70年代,对所谓的“商业计划”和“宏观管理”的企业管理事务的早期研究是以建立格式化的企业战略为中心的。按照这个思路,一些学者(如Michael Porter)就致力于对战略制定进行更为复杂的理论研究。Porter和其他人提出的竞争战略模型为决策者对其行业竞争环境分析提供了框架,即经理人可以找出能够使企业获得最大利润的一般战略。这些模型包括五要素:模型、价值链、安索夫矩阵、产品系列矩阵及其他。但是,这些早期的研究成果忽略了对将计划付诸实践的研究。到20世纪80年代,随着越来越多的看似可行的战略最终失败,人们对高层管理在战略实施中所应担任角色的看法发生了改变。事实证明,战略的实施与战略的制定同样重要,而且商业环境的变化节奏也意味着现在已不可能将战略的计划和实施分离。战略管理者需要设法将这两个阶段统一起来。因此,战略管理的研究重点正转向战略实施。

就在人们寻求战略实施的有效工具时,项目管理实践和理论得到空前的发展。项目管理从原来在建筑业和国防建设领域的应用,进而被广泛应用于其他行业,特别是在新产品研发项目、IT项目等,当前,越来越多的组织“通过项目来管理组织”。但最近一段时间的研究显示,项目的失败率却居高不下。一项对财富500强的调查发现,超过60%的变革计划不能实现其预定目标,甚至有的分析家认为这个数字将高达80%。而大多数的变革计划是由特定的项目组成的,正是这些项目的失败,导致了变革计划失败的最终结果。Hammer 和 Staunton(1995)研究发现,在所有项目中,50% ~70%难以实现其预定的目标;Jaikumar(1986)提出,所有项目的失败率为50% ~75%;Field(1997)通过调查,发现IT项目的失败率是73%;Burnes(1996)研究发现技术项目的70%是失败的,而全面质量管理(TQM)实施项目的这一数字高达80%。工程项目仅有20%在预算内、按时、保质完成(Blismasla 2004)。

为什么只有有效的项目管理是远远不够的?这是一个非常重要的问题。Murray-Webster 和 Thiry(2000)给出了这个问题的答案:与商业环境的变化有关。他们认为,内外环境的变化与日俱增,而有些变化(如突发事件)是项目管理所无法应对的。变化既可以从外部,又可以从内部给企业造成压力,因此落在项目管理的控制范围之外。从外部来看,变化可以由客户、竞争者、股东和其他利益相关者引发;在内部,变化可以随组织发展战略调整、员工的流动和组织结构、企业文化和管理方式的改变而产生。此外,变化的与日俱增源自所谓的“变化赤字”,即外部引发的变化速度要快于内部对该变化的反应速度。这一规律在商业运作中是普遍存在的。

传统的关于战略管理的研究重点关注对于内外环境的分析,组织核心能力的构建等方面,集中于对公司层面战略的制定,缺乏对战略实施的研究,特别是怎样通过项目实施组织战略。而我们知道,项目是组织战略实现的重要方式。

从上述论述可以看出,单独强调战略管理和项目管理,都会导致较高的失败率。笔者认为,对于项目型组织来说,离开了项目管理的战略管理就像是“纸上谈兵”;而离开了战略管理指引的项目管理,就成了“无的之矢”。战略管理具有方向性、控制性、结构性等特点,而项目管理的本质是强调实施,具有敏捷性、创造性、灵活性的特点。企业为了应对外界环境的快速变化,提高竞争能力,将战略管理和项目管理结合起来是必然的。

2.2.2 战略管理和项目管理的整合

组织战略是全面考虑怎样实现组织的目标和使命。战略管理处于“战略性”层次,而项目管理处于“实施性”层次,两者之间存在的分离一直是项目型组织面临的一个主要问题。

实现项目和组织战略的整合非常困难,因为战略本身通常是允许在一定范围内选择,而不是明确的、严格的目标定义。而在“战略伞”下的项目定义是根据战

略确定,所以项目定义和战略变动是相互影响的。美国项目管理协会(PMI)的PMBOK(2004)提出连接组织战略计划(包括战略性目标)到项目范围管理过程,但缺少详细的描述。英国项目管理协会的APMBOK(2000)对项目所处的商业环境给予了全面的关注,包括识别项目组合、项目群和需求管理。

在有关战略实施的讨论中,都认为识别层次结构是一种非常有效的构建和管理战略的方法。一系列有层次的战略和目标的确立是战略规划的结果,这样可以加强整个组织范围内的沟通和目标一致。通常认为公司的战略可分为三个层次:

①在公司层面,战略性考虑公司总体上应致力于哪些领域,以及为实现附加利益,将各SBU有机统一起来。

②在SBU层面,应决定如何实施有效的竞争、单元的发展方向及其实现方法,这样就导致了项目群的产生,从而保证SBU能实现它的经营战略。

③在具体运作层面,是以各部门和职能部门,以及为实现单元目标而制定的每一个项目为中心。

这种不同层次战略间的从上至下的关系是与以项目群和项目为单位进行工作细分的前提相一致的。公司层面代表着最高层次的项目组合,他们又被层层细分为较低层次中的项目群,进而细分为项目。这样,公司的总体目标就会被准确传达,转变为系统的一致行为。每个层次上的项目组合、项目群或项目都有自己的目标、运营范围、资源、实施步骤和专门的经理,从而实现有效的管理。

本书认为并不是所有的战略实施都是从公司层次通过项目组合、项目群到项目实施级的自上到下的形式;有些管理信息和行动是产生于项目和项目群,然后到项目组合,进而到公司层次,这种情况是自下向上的。例如,项目和项目群管理的基本责任是确定资源需求和按时交付,运作层次的资源需求影响组织公司层面的资源分配管理战略。因此需要这种双向的方式来确保项目有效实现战略,"高级经理层把项目视为实现战略的途径并制定项目计划,以摆正项目在公司中的位置从而实现公司战略,这是非常重要的。但是,组织的项目经理理解公司的战略也同样重要。"(Archibald 2003)。只有当项目和战略的连接是双向时,组织才能获得最大程度的增值。

项目群作为中间层,起到了承上启下的作用。因此,战略管理和项目管理的整合就成了项目群管理的理论基础,如图2-11所示。项目群管理理论的出现是历史的必然。因为战略管理正从强调战略制定转移到重视战略实施;传统项目管理由于过分强调追求单个项目目标的实现,而忽视了对组织战略的关注。

项目群管理提供了一个完整的框架和系统的方法,以企业战略为导向,充分利用组织资源,实现项目目标协同。项目群管理把企业关注的重点从追求单个项目结果,转移到所有工作都围绕企业整体目标的实现,就是通过项目群将组织战略和项目连接起来,其基本实施框架可用图 2-12 来表示。

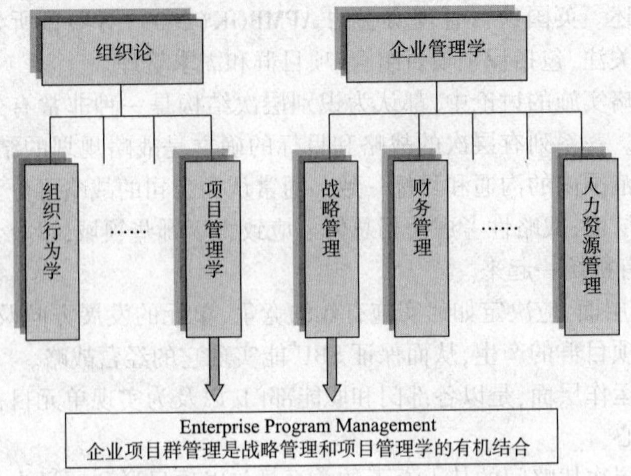

图 2-11 战略管理和项目管理的整合

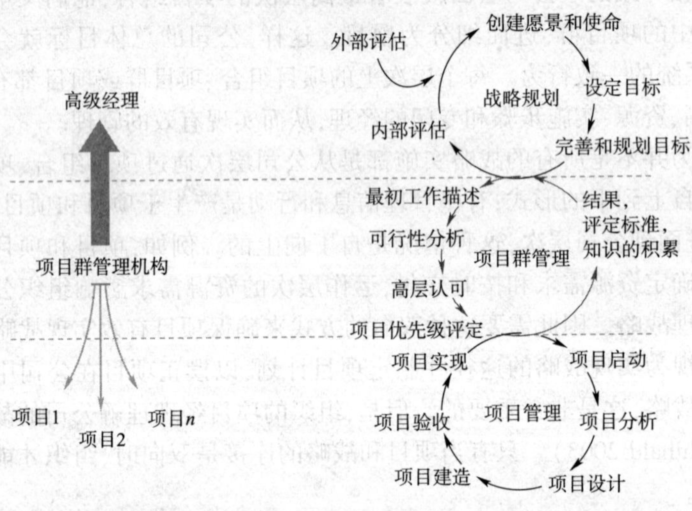

图 2-12 项目群管理的计划和执行循环

项目群管理通过一个项目群管理机构(如项目群管理办公室或其他的管理部门)来实施,位于组织高层管理者和项目团队之间,协调组织所有项目实施。这个框架提出三个基本的层次责任:高级管理层、项目群组织、项目团队。高级管理层负责制定组织愿景、使命和目的;项目群管理层负责将组织的愿景、使命和目的转变为切实可行的目标项目,同项目团队一道将高层经理制定的工作计划综合形成一个整体、全面的方案;项目团队利用组织的资源和技术,实施具体的项目活动。这三个基本的层次结成一个整体,为实现组织的战略规划而共同工作。

图 2-12 所示企业项目群管理相互连接的计划和执行循环建立了一个组织整体联盟机制。组织成员在他们所处层次规定的责任范围内,运用联盟机制提供的程序和工具工作,并且可以和相邻的层次交流和沟通。每一个循环从相邻的循环获得指令,并向相邻的循环提交工作成果。图 2-12 显示了每个责任层次循环是怎样和相邻循环连接的。

2.3 协同学与建设项目集成管理

2.3.1 协同学与协同管理

协同思想由来已久,合作的思想意识和实践行为,是企业生存和发展的前提和基础。20 世纪 60 年代,德国斯图加特大学理论物理学教授赫尔曼·哈肯(Hermann Haken)在研究激光理论的过程中,经过十几年的努力逐步形成了"协同学的基本理论和观点",从而奠定了协同学的基础。

协同学是一种系统理论,主要研究系统各个部分的协同工作。它接受了一般系统理论的基本结论,把一切研究对象看成是由元素、部分以及子系统所构成的系统。这些系统通过物质、能量或信息交换等方法相互作用。通过子系统之间的这种相互作用,整个系统将形成一种整体效应或者一种新型结构。在系统的这个层次结构,这种整体效应具有某种全新的性质,而这种性质在微观子系统层次可能是不具备的。协同学把信息论、控制论和理论自然科学研究中产生的系统理论综合起来,以研究一般规律为目标,形成了一门独立的系统理论。

从管理的角度来看待协同问题,就是协同管理的问题。协同管理是指组织为了达到其目标,在变动的环境中,整合各种资源,协调人员、组织、环节之间的匹配关系,产生协同效应,实现优化的所有活动和过程的综合。使组织的整体效益大于各独立组成部分总和的效应,经常被表述为"2 + 2 = 5",称这种效应为协同。

协同的思想和方法在建设管理领域也得到广泛的应用。研究工程项目管理中存在的协同现象和利用信息技术发展的成果来支持项目的协同工作,已经成为国外学者的研究重点。近年来,国内学者对项目的协同管理问题也开始给予关注。目前,国内外相关方面的研究工作主要处于两个层面上:第一是对项目实施中出现的各种协同现象的研究。如参与各方的协同工作,项目管理的各相关方在建设项目的实施过程中为了实现各自利益,在组织管理和运作模式上形成了相互依赖、相互发展的共生互长关系；如总承包模式下实施建设项目的设计、采购、建造的工作协同（即过程集成）和项目参与各方形成伙伴关系（Partnering）（即参与方集成）（Cheng 2002）。第二是在实现协同工作手段和方法上的研究，主要集中于计算机支持的协同工作（Computer Supported Collaborative Work，CSCW）在项目管理中的应用。如基于互联网的工程项目远程协作思想和方法的研究（卢勇 2003）；虚拟组织和项目管理信息系统的应用；PIP 在工程项目管理中的应用等。

这些研究多是集中于对单个项目的协同工作，关于多项目之间协同工作的研究还非常少见，本书所研究的企业项目群管理试图在多项目协同方面有所贡献。

2.3.2 建设项目集成管理

建设项目集成管理是协同学思想在建设领域的应用，涉及到产品集成（Product Integration）、过程集成（Process Integration）、不同专业和供应链集成（Multi-Disciplinary and Supply Chain Integration）、工具集成（Tools Integration）以及内部业务集成（Intra-Business Integration）等多种集成的思想和方法（李红兵 2004）。下面从管理要素集成、过程集成和知识集成三个方面分别介绍。

（1）管理要素集成

在美国项目管理协会（PMI）所推出的《项目管理知识体系指南》（PMBOK 2004）中，“项目集成管理（Project Integration Management）”是一个独立的部分。由于项目管理各个要素之间存在本质的内在联系，即某一管理要素的变化不是孤立的，它总会直接或间接地影响到其他管理要素。如项目范围的改变通常会影响到成本（或投资）、工期，但可能不会改变项目的沟通管理等。管理要素集成的目的在于研究各个管理要素的相互关系，寻找它们之间联系的“桥梁”，整体地描述、协调各个要素。

（2）过程集成

过程集成的思想来源于并行工程（Concurrent Engineering）。并行工程的概念最开始出现在制造业，目的是通过对设计阶段和制造阶段的整合、并行，缩短产品的开发时间。接着，其含义和应用得到了很大的扩展，逐渐包括了产品设计、研发、制造和营销的过程的集成。改变这些过程之间原有的顺序（Sequential）过程，而以平行（Parallel）的方式取而代之。

20 世纪 90 年代中期并行思想被引入建筑业。欧洲大型科研项目 ESPRIT 对并行思想在建筑业中的应用进行了为期三年的研究，第一次系统化地提出了并行建设（Concurrent Construction）的概念。英国 Loughborough 大学建筑工程创新研究中心主任 Chimay J. Anumba 教授（1998）认为，在建设领域，并行工程可定义为：并行工程旨在优化设计和施工过程,通过集成设计、制造、施工和安装活动以及最大限度地达到各项工作活动的并行和协同,实现缩短工期、提高质量和降低成本的目标。

丁士昭教授于1998年提出了建设项目全生命期集成化管理(Life Cycle Integrated Management)的概念。从业主的角度出发,三个彼此分离且各自独立的管理过程(DM,PM,FM)经集成和统一化处理后,可以形成一个新的管理系统——建设项目全生命期管理系统。

过程集成旨在形成建设项目阶段的一体化,协调上下游阶段之间的有效衔接。同时通过消除各种界面损失,以通畅的信息传递和知识共享,实现各参与方的协同工作。

(3)知识集成

建设项目是一个跨学科、多职能的行为过程,在这个过程中,人们不断地获取和创造知识,并将其运用,从而实现知识的连续循环。当前关于建设项目知识管理与集成的研究可以分为以下几个方面:从时段上,项目的每一个阶段形成阶段知识,阶段与阶段之间存在知识的共享;从组织角度,项目各参与方的知识相互补充、协调集成;从层次上,每一个组织都涉及个体知识、项目组知识、企业知识和外部知识,以及它们之间的相互作用;从知识的内容构成上,涉及项目应用领域知识、通用管理知识和项目管理知识(李红兵2004)。项目环境下的知识集成,着眼于在分析工作流程的基础上研究知识的流动,提炼知识,促成项目成员之间的知识共享,将个体知识结构化为项目组知识,并将知识融入企业工作流程,实现知识的再次运用。

事实上,本书研究的是一个企业内多个项目的集成,因此将借鉴集成管理的有关成果,用于研究多个项目之间的资源集成、信息集成和知识集成。

2.4　约束理论与关键链项目管理

资源配置是本书研究的一项重要内容,项目群管理与项目管理的最根本区别之一就是资源管理的方式。下面首先讨论建筑业企业资源的类型和传统项目管理的资源管理方法,进而讨论约束理论及其在项目管理中的应用。基于资源约束理论的关键链技术将成为本研究安排多个项目进度计划的工具之一。

2.4.1　资源类型和传统的管理方法

建筑业企业在动态环境中的运作特征表现为:工作的连续性以及承接项目的随机性,而为了有效实施这些项目还必须保持各种资源的相对稳定性。因此,处在这种环境下的管理者,为了保持组织竞争力,必须采用适当的方法安排其有限的资源以完成所承接的项目。然而,当前关于项目进度计划的研究通常是基于静态的环境,完成一定任务所需要的资源也是确定的,这在技术上分析是可行的,但在项目层面上缺少反馈程序和对环境变化的调整。本书所关注的是项目群中多项目的资源配置与共享,因此,当前关于单个项目资源优化研究对于本研究的帮助不大。

资源配置和共享方法是项目群管理方法的重要组成部分,也是与项目管理方法相区别的主要方面。资源可以按照其特征分成多种类型,如消耗型、共享型、机动型、自治型等。事实上,资源可以按照不同的方面相比较,如:

①类型。

②本质(消耗或非消耗)。

③可用性(如在特定的时间范围)。

④角色(重要程度)。

⑤功能性(由一系列功能运作的定义)。

⑥地域分布。

⑦单位成本(如时间等)。

在当今环境下,离开了资源成本的有效管理,很少有企业可以维持其竞争力。然而本研究关注的不仅仅是资源的成本,更重要的是资源的有效配置。

通常,项目资源管理重点关注的目标是减少资源的总体数量,或者减少项目占用资源的时间。为了保持较低的资源使用总量,通常在资源需求柱状图中的"峰"和"谷"之间进行平衡,减少资源需求的波动,如图 2-13 所示。资源数量从项目开始逐步增加,到项目接近结束时逐步减少,这样来保证项目资源总体数量的低值。另一方面,通过资源配置影响项目活动的安排,可以使一些有限的资源得到充分利用,并使一些不可避免的项目延误降低到最小(Hegazy 1999)。为了追求资源在项目上的时间尽可能短,资源配置试图消除资源使用的"间隙"。这样,项目经理可以避免资源闲置的不必要开支。然而,这两种技术可以解决连续型单个项目的问题,但对于同时进行的多个项目则无能为力。因此,这两种方法不能保证多项目的进度安排在总体上实现时间或成本最小。

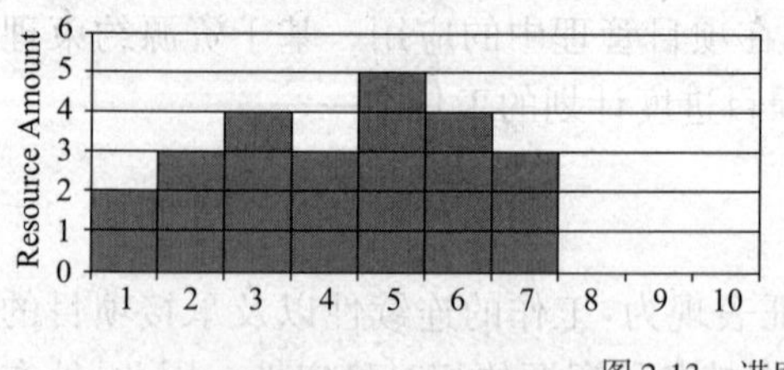

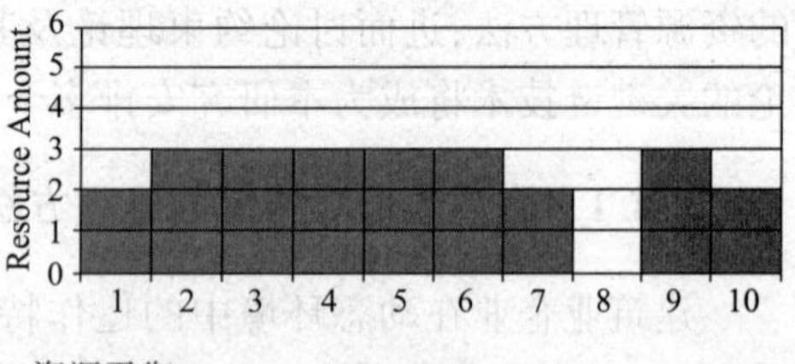

图 2-13 进度—资源平衡

有些学者运用运筹学技术同时考虑项目资源水平和分配问题。Easa(1989)和

Liu 等(1995)用线性和整数规划方法,得到一个建设项目时间和成本最优条件下的资源选择。然而,由 Patterson(1984)进行的先前研究证明,整数规划方法对于资源约束下的项目进度安排没有效果。这种相互矛盾的研究结果使得后来者如 Senouci 和 Adeli(2001)、Chan 等(1996)利用遗传算法建立模型,以解决特定的资源水平和有限资源的分配问题。

除了这些方面,启发式模型仍然是解决有约束条件下资源分配问题的主要方法,但由于其缺乏柔性而难以用于日常决策。有些启发式规定项目中的每项活动必须在确定的时间开始,在给定的时间内完成(Speranza and Vercellis 1993)。Harris 和 Ioannou(1998)的研究中没有考虑资源在不同项目之间的不间断配置,Russell(1998)的研究仅仅考虑了足够用来安排工作的长空闲时段,以分配资源,但所有这些启发式都忽略了较短的时间空闲,而在多个项目的资源配置中,这些较短的空闲是可以利用的。

但是,就笔者目前收集到的文献看,解决多个相互关联项目之间的资源配置问题的研究还处于起步阶段。Burkov 和 Novikov(1999)提出:"在多项目环境下为每一个项目配置资源,资源分配和归集的问题可以通过求解所有项目实施时间最小化来解决",但是笔者并没有详细说明怎样完成这个过程。其他研究者认为多项目的资源分配最好通过一个正式的项目选择流程和资源计划中心,在"项目主任"的领导下扮演一个集成者的角色,以解决资源的冲突(Payne 1995)。从启发式到运筹学方法、从工作过程到人员的角色,多项目资源配置问题的解决方案有很大的变化。

项目经理试图降低资源总量,而项目群经理试图保持所有资源的有效利用(Reiss 1996)。项目管理关注关键线路的控制,而项目群管理关注适当的时间和资源需求。这些不同掩盖了项目群管理也需要有效的资源管理(Reiss 1996)。由于项目需要的资源(如人力资源)经常变动,项目群经理需要在项目之间调配,以保证所有的资源都以最有效的方式工作,以使资源的闲置降低到最小(Ferns 1991)。进一步说,项目群经理总是试图减少额外成本发生,如资源更有效使用,所有项目使用先前项目使用的统一工具和流程等。在短期内项目群经理试图让其所有资源都能得到100%的利用,他们也希望长期如此;而项目经理希望闲置的资源尽快离开自己的项目。总之,这些特点决定了项目群经理可以在多个项目间直接进行资源的调配,但项目经理却不可能做到这一点。

2.4.2 约束理论和关键链项目管理

约束理论(Theory of Constraints,TOC)创始人 Goldratt 博士在 1997 年出版了管理著作《关键链》,将约束理论应用于项目管理,为项目管理开创了一种新的方法——关键链项目管理(Critical Chain Project Management,CCPM)。CCPM 将 TOC

的管理原理应用于项目管理,以有限的资源与消除不良的工作行为进行项目进度的规划,并利用集中管理项目缓冲(Buffer)时间的观念来保证整个项目的执行。约束理论是一种新的管理哲理,该理论认为"局部最优的总和并不能导致全局最优",必须从系统的角度来研究问题。在项目实施过程中,资源的利用率是不可能保持平衡的。项目进度只是受到一部分资源的影响,而不是受到所有资源的影响。前者称为瓶颈资源(或者关键资源),后者称为非瓶颈资源(或者非关键资源)。瓶颈资源上的工序称为瓶颈工序(关键工序),非瓶颈资源上的工序称为非瓶颈工序(非关键工序)。瓶颈资源利用率越高,项目进度就越快;如果瓶颈工序延误一天,将导致整个项目延误一天。要加快项目进度,就必须提高瓶颈资源的利用率,防止由于非瓶颈工序延误导致瓶颈资源处于等待状态,造成整个项目延误。约束理论的应用通常有5个步骤(图2-14)。

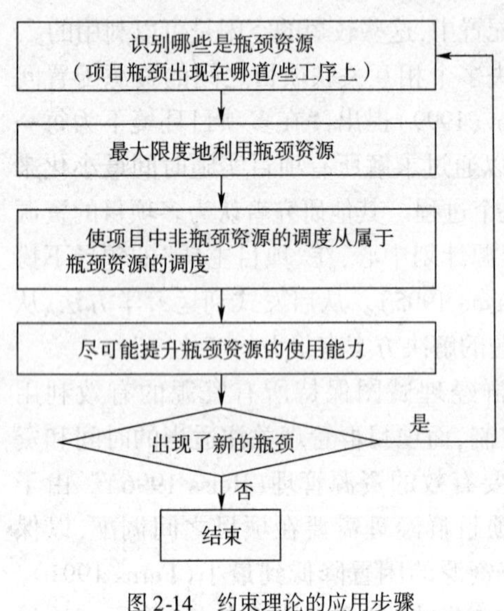

图2-14 约束理论的应用步骤

(After 赵道致等 2005)

关键链项目管理以约束理论思维流程为基础,用关键链代替PERT/CPM中的关键路径。关键链与关键路径的主要区别在于关键链不仅考虑了任务的执行时间和任务间紧前关系约束,而且考虑了任务间的资源冲突。关键链方法强调制约项目工期的是关键链而非关键路径,并通过项目缓冲、汇流缓冲和资源缓冲机制来消除项目中不确定因素对项目计划执行的影响,保证在确定环境下编制的项目计划能在动态环境下顺利执行。CCPM技术主要包含关键链调度机制、同步化机制和缓冲管理机制三大机制。

(1)关键链调度机制

关键链调度过程包括任务间共享资源的优化调配和项目关键链的确立。所谓关键链就是考虑任务间可能存在的任何相依关系(资源共享或任务相依),通过资源平衡后所形成的最长路径(图2-15)。

Goldratt博士提出的关键链调度实施过程如下:

①以50%概率可能完工时间作为每个任务的工期估计,缩短任务时间。

②任务在必要时才开始。

③通过资源平衡化解资源冲突。

④找出项目最长任务链,确立为关键链。

⑤在关键链尾部设置项目缓冲(Project-bufer,PB),以整体的项目缓冲来保护项目的工期。

⑥在非关键链到关键链的入口处设置汇流缓冲(Feeding-bufer,FB)来保护关键链。

⑦采取必要措施如增加资源或利用新技术改善关键链,缩短项目工期。

经过关键链项目调度,不仅可以缓解资源共享造成的冲突,避免多任务工作的产生,而且让项目整体时间明显的变短;同时有时间缓冲的设置,更能吸收项目内不确定因素产生的波动。

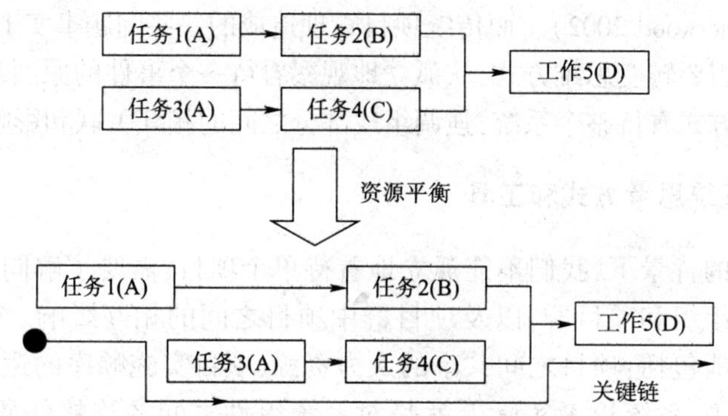

图 2-15　资源平衡后的关键链(After 杨雪松,胡昊 2005)

(2)同步化机制

同步化机制可以减少任务间不确定因素的影响,保证项目的工期。每一个项目的任务时间是由下列三个部分组成:

①执行任务的时间。

②等待共享资源的时间。

③任务的准备时间。

合理调配资源,就能减少任务等待和准备时间,缩短项目工期。同步化调度机制就是通过有效的调度使得资源间的冲突最小化,加快共享资源在任务间的流通速度,以降低不良的多任务工作。同步化调度的目的就是确保各任务间要有足够的错开时间以平衡资源的过载负荷。

(3)缓冲管理机制

CCPM 是利用缓冲管理,对项目整体任务进度进行监控。通过及时更新项目进程,计算缓冲的消耗情形,以此判断项目的执行状况,从而决定资源使用优先权。

关键链项目管理强调组织资源的配置,本书所研究的项目群管理的核心就是资源在多个项目上的配置,因此,本书将 CCPM 方法应用在多项目的资源配置研究中。

2.5 系统思考与系统动力学在建设项目管理的应用

系统思考是一个能够帮助我们理解并解决现实世界中复杂问题的概念。其精髓是,处理真实世界中复杂问题的最佳方式就是用整体的观点观察周围的事物。只有拓宽视野,才能避免"竖井"式思维和组织"近视"这一对孪生并发症的危害:前者的危害经常表现为,对一个问题的补救只是简单地将问题从"这里"转移到"那里";后者的危害则通常表现为,对"现在"一个问题的补救只会导致"未来"一个更大的需要补救的问题(Sherwood 2002)。而传统项目管理造成的一些问题事实上就是这样造成的。因此我们需要转变思维方式,从孤立地观察看待一个事件的原因和结果,转变为以系统思维的方式看待整个系统,强调组成部分之间的相互关联和影响。

2.5.1 系统思考方式和工具

在本研究的背景下,我们不能孤立地看待单个项目,需要了解同时运行多个并行项目的整个组织和项目群,以及项目群中项目之间的相互影响。这些项目之间的相互关联可能包括:项目之间共享的人力资源,项目实施顺序的逻辑关系相互影响等。换句话说,系统思考实际上就是对系统组件之间的连接的研究。Sherwood (2002)对此做了很好的描述:

①如果你希望了解一个系统,并进而能够预测它的行为,那么,就非常有必要将系统作为一个整体来研究,将系统各部分割裂开来研究,这很可能会破坏系统内部的连接,从而破坏系统本身。

②如果你希望影响或控制系统的行为,你必须将系统作为一个整体来采取行动。在某些地方采取行动并希望其他地方不受影响的想法注定要失败——这也就是连接的意义所在。

必须从整体上来研究系统的更重要的原因是,系统表现出其组成部分都不具备的特征。因此,对任何单一组成部分的研究,无论如何详细彻底,都不可能辨识出这类系统层次上的特征;对于项目群来说,传统单项目的管理技术与方法已不能描述其特征。

系统思考作为一种思考问题的方法,同时还提供了一套工具和技术来帮助解决问题。这些工具和技术主要包括两大类:

①系统循环图(或称因果回路图)(Causal Loop Diagrams)。

②系统动力学建模(System Dynamics Computer Models)。

尽管系统思考对于洞察复杂系统内部是一个有力的思考方式,但离开了循环

图我们仍无法看清组件之间的相互连接。因此,用因果关系图来描述原因—结果关系的类型。因果关系图是系统思考的核心(Sherwood2002)。它详细说明系统组件和关系,并且提供了一个关于"反馈"概念的基本了解。反馈是系统内的一种持续的信息流,反馈的作用并不仅仅是用来控制、限制或者约束;有时候,反馈也可以起到扩大或者增强的效果。图1-1是两个项目争夺资源的因果关系图,图中标有"S"的箭头表示"原因"和"结果"的变化同方向,(例如,项目A的资源需求变大,那么,项目A的资源消耗就变大;反之,相同。)称为"正因果链";标有"O"的箭头表示"原因"和"结果"的变化相反,(例如,项目A的资源消耗变大,剩余资源就变小;反之,相同。)称为"负因果链"。一个闭合循环回路就是一个反馈环,如果一个环路中有偶数个负因果链,则称为正反馈环,也叫增强回路;有奇数个负因果链,则称为负反馈环,也叫调节回路。显然,图中包括两个增强回路。

仅有因果关系图还不足以描绘整个复杂系统,还需要一些将关系图与事件链联系起来的系统动力学模型。这些模型表示的是整个系统复杂性的提炼,利用计算机仿真,可以了解系统的变化。

2.5.2 系统动力学在建设项目管理中的应用

Roberts是把系统动力学方法运用于项目管理研究的第一人。他在1964建立了一个只有30个方程的系统动力学模型,以此来研究R&D项目中基本的动力学问题。在该模型中,流经产品开发过程的物质流是一般意义上的"工作单元"。工作单元的完成由所使用的人力和人员的生产效率决定。这个模型第一次对管理者所认为的项目进展和实际的项目进展进行了区分,并强调了管理者的决策是基于他们所认为的项目进展,而这往往不同于实际的项目进展状况(Repenning 2000)。

Cooper在1980年第一次把系统动力学用于项目管理的实践中。他建立的系统动力学模型成为一个大型造船项目后评审的主要分析工具,并在应对业主因为项目延期要求赔偿的诉讼中起到有力的支持作用。后来,这个模型被进一步发展成为造船项目的战略分析、预测的工具。Cooper的模型的主要创新点在于返工循环,该循环包括了未被发现的错误、发现错误所需要的时间、工作质量、实际工作效率等概念。这些概念对后来的项目管理方面的系统动力学模型有着重要的影响(Repenning 2000)。

Sterman(1992)论证了系统动力学理论在建设项目管理中的适用性。他认为,建设项目由多个相互关联的部分组成,一个部分的变化会对其他部分造成影响,实施过程具有高度动态性,包括多个反馈过程,组件之间存在多种非线性关系,因此,建设项目属于高度复杂的系统。随后有多个学者对系统动力学在建设项目中的应用展开研究，Love(1999,2002)对于建设项目中的返工对项目的影响利用系统动力学模型进行了分析，他将整个建设项目分成了质量、人力资源和技术运作三个子系统，强调指出返工的出现，将会对各个子系统产生影响。Pena-Mora 和 Michael(2001)利用图形评估技术(GERT)和系统动力学模拟技术，提出了总承包项目(D/B)的动态计划和控制方法。Pena-Mora，和 Park、Moonseo(2001)对于总承包项目(D/B)实施快速路径(Fast-Track)方法加速工程进度时，提出要重点关注实施中的反馈，这些反馈对于项目的流程有重要的影响，但这些反馈是非常难以控制的，需要采用动态的计划方法。Chritamara 和 Ogunlana 等人(2002)利用系统动力学模拟了整个 D/B 项目的全过程。对于设计、施工、采购之间的相互影响，特别是设计的变化对于整个项目成本的影响进行了动态模拟。但这些研究重点关注的都是单个项目，从目前笔者掌握的资料来看，还没有关于系统动力学在多项目管理中应用的文献报道，这也是本书要完成的任务之一，即模拟项目群中多个项目之间的相互关联和影响。

2.6 本章小结

项目群管理理论已在其他行业得到广泛的应用，特别是在汽车研发项目中。通过设置一个共享平台开发各种型号的汽车，这种实践为组织长期持续发展，推动合作、共享的企业文化提供了一个很好的参照模式。另外，汽车业的这种共享平台也可以被看作是一个整合机制，因此，也提供了一种跨职能团队的工作方式。

汽车业的这种共享平台理念的成功实践，更加坚定了本研究的信心。本研究试图通过以下几个方面的努力来构建建筑业企业项目群管理的理论和实施方法：①对传统项目管理技术和方法“扬长避短”；②集中关注资源的管理；③借鉴其他行业的项目群管理最佳实践；④关注项目群中项目之间的相互影响。

本章中所提到的相关理论对本研究的贡献如下：

①战略管理和项目管理：战略管理和项目管理的结合是项目群管理的理论基础。本研究以项目管理作为基准，与之对比形成了本书的第二条轴线。

②协同学与项目集成管理：本研究拟将协同思想和项目集成管理理论的成果应用于多个项目的协同与集成管理。

③资源管理：本书重点关注的基本要素。正是由于资源的共享，项目集群管理才有可能引导协同效应的出现。

④系统思考：本研究的思考方式。基于因果关系图和流位图的系统动力学方法将为本研究了解项目群中各个项目之间的关联和相互影响提供有力的工具。

下一章将结合建筑业的实际，提出特定的项目群管理模式和方法。

第3章　建筑业企业项目群管理模型

从前两章的论述中可以看出,项目群管理可以组织带来额外的收益,但要将其应用到建筑业,必须首先讨论项目群管理理论在建筑业的适用性,分析工程项目的特征以及与项目群管理基本条件的匹配性。现有项目群管理的理论和方法存在哪些问题?需要做哪些改进?更进一步的问题是如何在建筑业企业实施。本章将对这些问题进行回答。

3.1　项目群管理在建筑业的适用性分析

传统建筑业的活动一般是按照单个项目实施的,由开发、设计、招投标、施工、试运行等阶段组成,各个阶段有不同的专业组织完成。传统的建设工程管理模式(如设计—招标—建造,D-B-B)就是如此。当前关于工程项目和施工管理的研究,大多也是基于单项目管理模式的。这不能反映建设行业的真实情况:很多业主会有几个项目在同时进行,而几乎所有的承包商都在同时实施多个项目。

除了项目的数量和多样性带来的挑战之外,项目本质的不同对项目管理的基本原理提出了更大的挑战。项目失败的原因之一通常是:应用于某一项目的管理技术并不能总是适用于该项目的需求和特性。不同的项目类型,处在不同的环境之中,需要不同的项目管理方法(Garcis 2000)。

一个组织可能有许多不同类型的项目群,对组织的不同业务领域作出贡献。对项目(和项目群)按照不同的标准分类,是组织寻求特定管理方法的基础。理解项目和项目群的类型,对于组织管理这些项目和项目群有重要的意义。通常按照相似的特征、属性或起源将项目归组于不同的项目群之中。确定和识别项目群的类型能更好地服务于组织战略目标,可以有利于商业运作短期目标的实现,同时也可以在同类项目群中应用相近的设计、管理和过程控制的方法。

不同的项目和项目群需要不同的管理方法,认识到这一点是非常重要的。例如,Arlto 和 Dietrich(2004)描述了在多项目环境下几种不同的战略管理实践。其他学者如 Crawford(2002)、Shenhar(2002)等也研究了项目的分类以及不同的类型项目管理方法。本节首先讨论项目的不同分类,进而详细讨论建筑业项目群的类型及其主要特征。

3.1.1 管理思想的相通性

项目群管理的思想和理论方法,虽然不是首先从建筑业开始,然而,其所涉及的管理对象,已经将与建设工程有关的项目包容其中。因此,这为建筑业企业实施项目群管理创造了前提。

从企业的运作方式上来说,建筑业企业是典型的项目型组织,这与 IT、研发、通信等行业的企业运作方式相同,如图 1-3 所示,而这些行业组织是项目群管理思想的"发源地";从管理的对象来说,项目可以按照很多方式来分类,如按照项目的起源、行业、特征、最终产品、地理位置等。而美国项目管理协会(PMI)的 PMBOK(2004)试图不对项目进行分类,提倡项目和项目管理原理的通用性。但国际项目管理协会(IPMA)对此持有不同的观点,他们认为项目的本质特征对项目管理原理和方法有很大的影响。不同学者提出的项目分类可以归结为基于组织营运对象的分类方法(表 3-1)和基于项目特质的分类方法(表 3-2)。

基于组织营运对象的项目分类比较表(After Blismasla et al 2004)　　表 3-1

区别基准	与组织相关的种类				作者
一般特征	工程设施的设计与施工	研究、产品开发和设计	产品和服务合同下的商业项目	管理项目	Archibaid(2003)
	工程项目	R&D 集合——新产品、过程和它们的市场导入	企业设计部门——过程或设备的改进	经营团队——改进型项目	Hackney(1992)
	土木/施工/采矿	研究项目	制造业	管理项目	Lock(1994)
	开发项目	营销项目	合同项目	组织项目	Gareis(1998)
	工程	信息技术(IT)		组织变革	Turner(1993)

表 3-1 所示项目分类是基于组织的类型,如土木工程项目、管理项目、研究项目等。从表中可以观察到,自左至右是从"硬的"、工程类型项目到"软的"、管理类型项目。一个组织内有多少项目类型取决于组织所在的行业。例如电子商务组织,可能很少或根本没有工程项目,而一个房地产开发商、承包商就有多个工程项目。工程项目最明显的特征是一种"硬的"项目。需要明确的是,建筑业企业内也并不是只有工程项目,也有管理型、R&D、营销项目和项目群,是与工程项目组合同时实施的。

表 3-2 所示是基于项目的分类方式。这个表格应用二分法,将项目分为"硬

基于项目特质的项目分类比较表(After Blismasla et al 2004)　　表3-2

区别基准	与单个项目特质相关的种类		作　者
设施	直接设施(例如宾馆)	间接设施(例如零售业)	Griffith and Headley(1995)
	硬性实体性产品	软的、无形的、可交付的,如商业变革等	Reiss(1996),McElrory(1996)
项目目标	开发项目	变革项目	Levene and Braganza(1996)
执行的程度	概念阶段项目	实现的项目	Gareis(1998)
	项目所处设施的生命周期的位置,或母组织战略发展的位置		Turner(1993)
项目所有者的类型	相同业主的项目	不同业主的项目	Gareis(1991)
	在组织内执行的内部项目	为一个客户提供的外部项目,但不改变组织自身	Reiss(1996),Gareis(1998)
项目的维度	价值;持续时间	实体的大小	Turner(1993),Payne(1995)
复杂性	复杂的	简单的	Gareis(1998)
紧急/优先	紧急程度不同		Payne(1995)
风险情况	高风险或不确定性	低风险或不确定性	Gareis(1998)
定义	开放的、模糊的、没有定义好	封闭的、严格定义的	Reiss(1996)

的"、实体性的、开发型的项目和"软的"、无形的、变革的项目。建设项目很显然属于前者,但是有些概念,特别是项目群和多项目的概念是从其他软的项目类型发展来的。现有关于项目群和多项目的研究,多数讨论的是软的、管理型的项目。尽管这些作者给出了很多的类型,但是对于一个组织所管理的项目之间的关系,却没有给予描述。在多项目环境下,用什么样的标准来对所有的项目进行归组呢?

表3-3所示是关于多项目环境的分类方法。多项目或项目群中的项目类型,处在松散和紧密之间。与传统项目分类标准相比,描述多项目环境的基准较少。项目之间的关系仅限于根据资源的共享和相互争夺,没有对项目类型作总体的描述。但多项目的"重复性"作为一个重要的归组指标已有了清晰的描述。(将在6.1中详细论述)。

多项目分类比较表 表3-3

区别标准	作　者	与多项目相关的种类
项目之间的关系	Morris & Hough (1987), Ireland (1997), Meredith & Mantel(1995)	①独立的,自身完整; ②有联系的,或相互依赖,也可能是一个大型项目的组成部门
	Gareis(1991)	很大程度上资源共享
重复性	Reiss(1996)	①陌生的; ②中间型; ③运作型
	Gareis(1998)	①唯一的; ②重复的

从上述分类比较中可以看出,建设工程项目的最主要特征表现在其成果是特定的实体,是"硬的"的项目。那么从其他"软的"项目类型发展起来的项目群管理理论是否可以应用在传统的建筑业呢?从项目的本质来说,任何类型的项目都具有临时性、一次性,都要求在一定的时间和成本约束下完成。与研发项目相比,建设项目的这些特征表现更为明显。下面将主要结合建设项目的特征来分析论证项目群管理理论应用的可行性。

3.1.2 基本理论的适用性

从第2.1节的论述中可以看出,项目群实施的最基本条件是:①组织存在多个同时实施的项目;②有些项目之间相互关联,并有共同的目标。PMG(Programme

Management Group)通过对那些成功实施项目群管理组织的研究,确认具有以下特点的组织可以从项目群管理中获益:

①多个项目同时进行。

②项目有可能在地域上是分散的。

③资源和项目优先等级的安排存在冲突。

④最终期限和目标是变化的。

而上述这些特点都是建筑业企业所具备的。

另外从建设项目的特征来看。首先,建设项目持续时间一般较长,大型建设项目的持续时间就更长,有的项目仅施工阶段就需要几年,再加上评估、论证甚至需要十几、甚至几十年。这样,项目所处的环境会发生变化,对项目的目标必定会有所影响。而传统的项目管理是先确定目标,再通过计划、控制和监督来完成该目标。事实上,很多项目特别是大型建设项目的详细目标在一开始很难确定,或者很难清晰描述具体的目标,这对项目管理是一个挑战。而项目群管理的一个主要特征就是可以从整体上关注业务环境的变化,缩小"变化赤字"。

其次,与一般研发、管理项目不同,建设项目是分阶段实施的,如可行性研究、设计、施工等,这些任务通常是由专业的组织完成,而大型建设项目通常还分期实施,这些工作内容相对独立但又存在着种种联系。如果把它们视为传统项目管理中的子项目,似乎并不合适。子项目通常是指在一个项目中被作为项目进行管理的一部分工作内容,通常由项目执行主体负责执行。对于建设项目,实际情况是项目管理大多被用在对分期、分阶段(设计、施工等)甚至更细小目标的控制上,各阶段项目管理方式各不相同。也就是说,如果将整个建设项目的实施全过程视为一个项目,那么对于其整体目标的计划和控制还非常欠缺,因此不能说对整体进行的是项目管理。如果按照项目群管理的思想,把这些分期或分阶段的建设任务作为组成项目群的项目分别进行项目管理,再对它们进行整体的项目群管理,这样更加接近实际情况。

再者,由于工期是建设项目的一个主要约束,因此加快进度就成了项目管理的一项重要工作。于是就出现了边设计、边施工,即快速路径(Fast-track)的方法。越是大型的建设项目,越是会采用这种方法。其实,这种方法在工业领域就是并行工程(Concurrent Engineering)。而项目群管理正是在借鉴了一些并行工程思想和研究成果的基础上发展起来的(Kara and Kayis 2001)。

最后,一般建设项目投资较大,但是业主往往考虑的是如何用合理的成本获得最大的价值,而不仅仅是希望成本最少。建设项目的这种要求与项目群管理在整体重视价值、在单个项目上进行成本控制的思路不谋而合。项目群管理非常强调项目群价值的实现,并且主要从事对多个项目的协调工作,目的就是优化资源配置,在总体上达到增值的目的。

综上所述,项目群管理理论在建筑业是适用的,同时也是必要的。

3.2 现有项目群管理方法有效性的改进

认同现有项目群管理思想、基本理论体系和方法对建筑业企业项目群管理的适用性,只是一个基本前提和工作起点。要真正建立适合于建筑业特点的有效的项目群管理模型,还必须针对现有项目群管理方法存在的缺陷或不足进行改进。

由于对项目群管理的研究还处在初级阶段,其理论还不完善,实施还有困难。事实上,现有项目群管理理论存在两个认识上的误区:①项目群管理是一种高级的项目管理;②项目群管理存在一种通用的方法。现有的项目群管理有两个基本目标:①提高效用和效率(如,加强项目协作、有效资源分配、扩展高级管理者的视野等);②关注业务目标(如,更加一致的沟通、项目目标与组织战略的一致等)。首先,现有项目群管理理论忽视了“知识转移”,由于项目是暂时的、一次性的,还很少有组织建立收集和转移项目经验和教训的体系。事实上,把这种从经验中获取的知识进行转移,已被认为是引导项目成功的一个重要因素。尽管如此,知识转移在项目群管理理论中还没有引起足够的重视。另外,尽管现有的项目群管理模型都宣称可以实现上述两个基本目标,而事实上主要是围绕第一个目标设计的。这其实是仅仅关注了组织内部管理的特征,而忽视了对组织战略和外界环境的关注。这些方法限制了项目群管理的潜能的发挥,并且消弱了项目群管理的价值。在Glenn的博士论文“理解项目群管理”中,他提出现有项目群管理的三大不合理之处:

①对定义和相关技术没有清楚理解。

②缺乏对项目群方向和目标的认识。

③没有明确定义基线,这将从开始就使项目群不稳定。

下面从两个方面讨论当前项目群管理存在的问题:①实践中的主要困难;②认识上的误区。

3.2.1 现有项目群管理方法在实践中的主要困难

项目群的三个关键干系人之间的关系管理,是现有项目群管理方法难以实施的关键。主要包括:

①项目群经理和项目经理们之间的关系管理。

②多个项目和组织之间的关系管理。

③各个项目经理之间的关系管理。

上述关系管理中的一个或多个出现问题,都将影响项目群管理的最终结果。下面详细讨论这三类界面的问题。

(1)项目群管理和项目管理的界面

当前一些项目群管理方法试图获得详细的信息,对各个层面进行全面的监控,这导致了项目群策划和控制系统更加复杂而难以控制,进而增加了两个方面的负面影响:

①过多的官僚机构等级和控制层次。在多项目环境中,难以实现过度控制和缺乏控制的适当平衡(Partington 1996)。现有的项目群管理方法倾向于过度控制,特别是当前一些项目群管理软件更有这种倾向,这些软件重点关注资源管理和完整的计划要素。研究发现,过分的官僚和控制会催生僵化、官僚的部门的出现,他们可能仅为听取汇报而存在。过度官僚项目群管理的负面影响是:a. 滋生一种"相互指责"的文化,恶化项目群经理和项目经理之间的关系;b. 消弱了增值活动的能量。

②过于关注较低层面的细节。大型的综合计划网络不但难以编制,还会变的麻烦和过分复杂。这就有理由怀疑标准项目群管理技术所强调的详细、综合计划的适应性。由于过分强调详细程度,存在的风险是:项目群经理难以识别真正重要的问题。因此,项目群层次关注的重点应该是项目之间的界面(Levene and Braganza 1996)。项目的运作由项目经理负责,各层面权责明确,这有利于调动团队成员的积极性。

(2)组织和组成项目群的项目之间的界面

现有的项目群管理方法忽视的另外一个方面是,项目群对于组织不断发展的业务环境的适应和整合。项目群管理的作用——在项目和组织战略之间建立和维护一种连接——就有了问题。现有的项目群管理是一个基于项目层面变化控制的观点,而不是基于变革管理的战略视觉。结果是项目群管理表现为两种截然不同但又有联系的方式:

①项目群生命周期。现有标准方法强调的是一个线性的项目群生命周期。暗含的假设是:项目群可以在一开始被详细定义,并且始终按照预定的过程实施,项目群的范围也始终得到严格管理。在这种情况下,有些活动,如调整项目群的方向,或者在项目群中增加一个新的项目,就只有在非常特殊的情况下才有可能发生。尽管在理论上存在这样的可能,即培育项目群以适应变化的业务环境需要,但强调项目群范围的定义严重限制了项目群的柔性。从根本上说,坚持主张项目群

的严格定义和清晰边界,对于一个项目群的价值实现存在负面影响。

②项目群的期限。现有的很多方法认为项目群具有有限的生命。这就限定了用来识别战略的基本流程是片面和肤浅的,并且大多是凭直觉的(Mintzberg 1985)。因此,在项目群一开始就强行确定固定的时间表是存在问题的。看来另外一种观点更加现实:认为项目群没有一个限定的时间表,可以根据商业利益的需要,不断调整,连续实施。这与McElroy(1996)的意见是一致的,他认为项目群可以在一定基础上吸收新的项目。

(3)项目群内项目之间的界面

现有的项目群管理方法还忽视了一个项目群内部项目之间界面上出现的一些问题。例如,竞争是多项目环境下的基本特征,项目通过竞争表现自己,争取较高的优先等级,确保对特定稀缺资源较强的竞争力。项目之间的竞争有两个方面的负面影响:

①内部项目竞争。当项目争夺稀缺资源时,组织通常会按照"内部市场"的机制运作。这个市场的特征是强调个体或团队与业绩相关的回报。这样,暗含的假设是:通过强调单个项目的绩效,可以提高整个组织的效率。然而,一项关于国防、建筑业的研究表明,项目之间的竞争并不能为整个组织带来收益(Lord 1993)。其他的一些研究也表明:a.员工通常做那些考核指标中主要参考的、必须要做的工作;b.竞争制造忧虑气氛,影响绩效;c.在竞争激烈的环境中,项目高度自治,他们不关心、也不知道项目以外的人们在做什么,这不利于项目绩效的提高(Eskerod 1996)。

②难以推动组织学习。尽管现有的项目群管理方法中涉及到一些项目之间知识转移的问题(如CCTA 1999),但却缺少一个能够真正实现的环境。组织学习需要的不仅仅是知识的积累,还要创建一种开放的文化才能实现知识转移和共享。在项目竞技场,本能的动机驱动着项目经理继续争取下一个项目,而不是对过去项目的成败进行总结,因此,得到的知识是以一种"出现—失去"的形式存在的。就像Eskerod(1996)所提到的,在这样一个高度竞争的环境中,交流学习是不对等的,项目之间的知识转移和共享与项目竞争是相背离的。

上述实施中的困难制约着项目群管理的应用和推广,也使很多习惯了项目管理方法和技术的人员不愿放弃或改变原有的管理方式。

3.2.2 认识上的误区

上述这些问题的背后存在两个基本认识上的误区,下面讨论这两个方面。

(1)认为项目群管理是项目管理的高级形式

Gareis(2000)说过,任何持续时间超过两年的项目都可以被认为是一个项目群。同样,其他作者也指出,项目经理还是认为项目群是一个“工作安排”,把项目群当作是传统项目的计划清单(Pellegrinelli 1997;McElroy 1996)。项目群、项目、分项目和工作包仅仅是处在项目工作活动层次上的不同等级。这种认识和随之出现的缺陷表现在标准项目群管理方法的各个方面:

①严格的等级观念。推行标准项目群管理方法的组织存在严格的等级,项目群经理和项目经理之间是一种传统的直线报告关系。在项目群背景下,坚守一个僵化的等级安排,将会导致官僚和控制负面影响的上升。

②有时间约束的线性项目群生命周期。现有的方法通常将项目群管理视为一个相对简单的线性输入过程,项目群的设立是建立在已经定义好的组织战略基础上的,因此,对于这个项目群的任何轻微的调整都应该是朝向其目标的。这假设了一个充分完备和稳定的输入定义,建立一个项目群自始至终的详细计划,这种僵化的生命周期消弱了项目群对于变化环境的适应能力。

③使用项目管理技术管理项目群。项目群和项目在本质上相同的认识反映在现有项目群管理技术上。例如,现有项目群管理的计划方法,就是使用的项目管理技术。这样的影响是:a. 存在趋于复杂化、官僚化和严格监控的倾向;b. 限制了项目群对变化的环境、目标和战略的适应能力的发展;c. 使用机械的观点,很难深入了解如何管理一些“软”的问题,而这些问题经常在项目群层面发生。

④角色相似。实践中经常遇到的认识是,项目群管理仅是项目经理职业生涯中的一个阶段,事实证明,项目管理和项目群管理的角色转换是一个很大的挑战。很多项目经理在多年经验中形成的一些好的本能,在项目群环境中却有可能起到相反的作用。其主要的表现在于管理过于细致,事必躬亲,往往会忽视重要的问题。

(2)认为存在一个通用的项目群管理方法

基于这种认识,往往把现有项目群管理技术看成:存在一个严密和高度结构化的方法,无论在任何背景下都适用。这就让人想起项目管理领域的一种学派,他们认为项目管理原理是通用的(如 PMI)。与此不同的是,有的学派认为,项目管理的理论和方法应根据项目的特征分别对待,如项目所在的组织、组织运作的环境等。

尽管现有的方法将项目群分为不同的类型(如,战略型、业务循环型、基础设施型和研发型等),但却没有讨论以下两点:a. 不同的项目群需要不同的管理方法;b. 这些标准的方法怎样管理一些不相关的项目。因此这就自相矛盾,一方面,现有文献对于不同项目群类型的差异性正逐步形成共识,另一方面却都热衷于讨论一个普遍适用的项目群管理方法,而这种方法是无法解决这些差异化问题的。如

PMI 正在建立 PPM(Project Portfolio Management)标准,但来自项目管理的经验证明,不同类型项目的管理方法是不同的,如软件开发和建设项目的本质不同,管理方法也不同。不同的项目群设计应考虑的因素如下:

①项目群收益和项目目标相互依赖。现有项目群启动时存在的一个误解是,试图阐明项目群的方向和意图。但 Pellegrini(1997)认为,不同的项目群成因,应该引导出不同的项目群管理构架,并提出三种不同的项目群类型,每种需要不同的管理方法。如图 2-5 所示。

②项目群中项目的本质。通常存在这样一种理解,无论一个项目群中的所有项目的类型、大小、紧急程度或使用资源的类型有无不同,组织都应当使用统一的方法管理。这种方法试图获得可比较的进度报告,员工不用学习新的方法就可以在项目之间自由流动。与此相似的还有一种理解是,一个项目群中的项目基本上是相似的,并且在许多情况下需要的支持也是一样的。然而,这个认识就产生了问题,Payne(1995)认为不同的项目有利于分层,这对于解决项目群管理的复杂性非常重要。更有利的证据是,研究发现,在项目层次,当人们使用一些针对特定项目类型定制的方式时,将会获得较好的结果(Payn and Turner 1998)。将这个逻辑扩展到项目群与项目之间,应该是不同类型的项目可以从不同的项目群管理方法中受益。

③项目群的地域分布。项目群的区别可能会进一步表现在员工工作地点的分布上。Evaristo 和 Van Fenema(1999)描绘了以下三种情形:a. 同一场所项目群,表示多个同时实施的项目都在同一个地理位置;b. 多个传统项目,表示多个同时进行的项目分布在不同的地理位置;c. 多个分布式项目,表示项目群中的每一个项目都涉及到几个地点,有可能地点重叠,也有可能分散在各处。

④项目群授权的力度。项目群管理方法的选用不仅依赖于愿望,同样也依赖于可行性(Gray 1997)。事实上,一个项目群的设计可能并不完全是由项目群经理控制的,会在一定背景下受到政策的约束,可能会被迫使用或放弃个别的管理方法。在这种情况下,项目群经理选用最优管理方法的能力就依赖于他们的授权。反过来说,这依赖于项目群在整个组织中的"地位"。

因此,本书的观点是不同类型的项目群需要不同的管理方法,拟构建适用于建筑业的项目群管理架构和方法,以提高建筑业企业的工作效力和效率。

3.2.3 项目群管理的改进和补充

本书认为项目群管理应处理好图 3-1 所示的各种关系,以克服现有项目群管理方法在实践和认识上的问题,并应该重点关注以下几个方面:

①项目群的背景。适当的项目群结构、过程和组织很大程度上依赖于其所存

在的背景。如项目的相关程度、组成项目的特征和整个组织的性质。

②实施中可以变化和协作。项目群管理可以同时在不同的层面运作,如一些小型项目的组合应该作为一个类型的项目群管理,而其他类型的项目群可以扩展到整个组织同时实施。

③组织成熟的进展。设想项目群方法一开始就可以被全面推行是不现实的,因为这是由组织推行项目群的变革程度决定的。因此,更有效的方式是循序渐进地推行项目群管理。

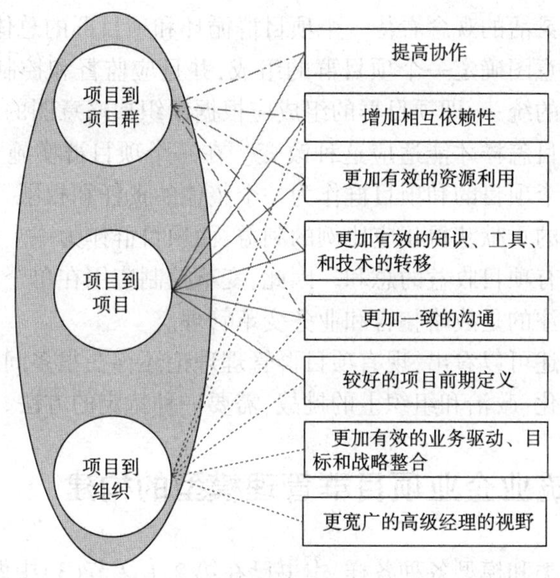

图3-1　关键的项目群管理关系和目标(After Lycett et al 2004)

从上述三点中的任何一点都可以看出,项目群管理方法应与项目群的特征和组织的实施背景相适应,这也正是项目群管理方法的主要优势,但是现有的研究和实践却忽视了这一点。以下这些理解对有效实施项目群管理很有帮助:

①项目群管理不是仅仅任命一个项目群经理的角色。在整个组织范围内实施项目群管理会给组织带来收益,所以,这不仅是项目群经理一个角色的责任。

②有效的项目群管理是基于对关系的管理。项目群管理要通过改善项目干系人的关系为项目经理的成功创造良好的氛围,在变化的环境下,确保项目群内的项目同组织的充分联系是非常重要的,这有利于确保项目和组织战略的整合。同样,项目群管理还扮演一个重要的角色,就是推动项目群内项目经理之间的充分沟通,以确保他们相互协作,共同实现整体的商业目标。

③有效的项目群管理需要考虑权利的动机。项目群管理不能总是考虑职位的

权利。项目发起人、项目经理和项目群经理之间会存在着权利冲突,管理好这些关系非常重要。特别是要意识到在项目群层面确定的目标,把它分解到项目层面时有可能会产生冲突。为了实现项目群的总体目标,一些项目的目标会作出适当妥协,这会影响项目优先级的变化,并可能恶化项目之间的关系。项目群管理必须要协调单个项目的目标,引导项目向项目群的总体目标前进。

④有效的项目群管理可以适应组织商业环境的变化。项目群在实施过程中通常会对其组成作些调整,如吸纳新的项目或停止正在实施的"无效"项目,因此,需要用一种动态和灵活的观念看待一个项目群循环和项目群的总体目标。应该根据组织层面的战略意图确定一个项目群的组成,并且应监督和控制组织战略意图和项目群目标之间的统一,即项目群的组成应根据组织战略意图的改变而改变,同时还要关注单个项目怎样才能适应这种改变。在一个项目群实施全过程中,要明确界定项目群中单个项目的和项目群作为一个整体的责任和权限。单个项目可以基于他们对项目群的贡献获得相应比例的利益,而项目群作为一个整体,对其评价是基于其管理的所有项目收益的总和。因此,变革控制应用在单个的项目层面,而项目群层面重点关注的是战略整合和业务变革管理。

通过以上论述可以看出,现有项目群管理理论还存在很多问题。因此,为了应对项目群层面文化、政治和组织上的挑战,需要一种特定的方法。

3.3 建筑业企业项目群管理模型的构建

项目群的分类和模型各种各样,本书已在第2.1.2节(3)中做了描述。但由于这些模型大多是由研发、软件开发、电信等行业发展而来,重点关注的是由"软的"项目组成的多项目环境,如商业变革、R&D、新产品开发和以管理为中心等。所以这些分类模型很显然不能直接用来描述建设行业的多项目环境。

尽管现有研究者的观点有明显的不同,但他们的分类方法也有共同的部分,这些共同之处为本书构建特定的建设项目群模型提供了基础。本书将建筑业存在的项目群分为两类:一种是组合型项目群,一种是对象导向型项目群。组合型项目群是指一些需要相同实施能力的项目在一个承建组织内,为了实现一定的目标,被组织按照一定的基准进行集群,他们之间的关联本来是不存在的,是一种"人为的结果";对象导向型项目群是指多个项目面向共同的对象,他们之间的联系本来就存在,这类项目群在建筑业通常被认为是大型项目,如一个大型项目有多个子项目组成,或者将一个项目分成设计、施工、试运行等项目,这些项目面向共同的对象。下面分别讨论组合型项目群的集群基准和对象导向型项目群的类型和特征。

3.3.1 组合型项目群的集群基准

以项目为基础的建筑业企业通常会同时承担多个项目,这些项目可能会来自不同的客户,分布在不同的地点,需要不同的技术,或者项目的性质不同,企业为了便于管理,有意识地将所承担的一些相关项目归集成群,以实施协同管理。因此,这种归集起来的项目群本来是不存在的,是一种企业行为的结果。

在对组织中所有项目进行集群处理时,需要一些基本的归类基准,这些基准旨在把同类的项目聚集到一个族群中,作为一个整体进行管理。这些选择取决于很多方面,比如具体的任务、项目的环境、所处的阶段、重要性和相对规模等,下面是建筑业企业一些基本的集群归类基准:

①客户导向型:建立良好的客户关系有利于工程项目的顺利实施,当企业从一个业主处承接到多个项目时,将这些项目归组集群有利于加强与业主的沟通与协作,并且可用"一种声音"同业主"对话",确保公司对外政策的统一性。

②技术导向型:使用同类核心技术的项目聚成一组,有利于核心技术的应用和提高。

③资源导向型:当多个项目对某些"瓶颈资源"(如大型设备、紧缺物资等)都有需求时,把这些项目归组集群,按照稀缺资源的供应合理安排项目的进度,即要保证稀缺的资源优化利用,也要保障项目的实施不能因无法获取资源而停滞。

④市场导向型:组织把来自相同的市场的项目归集成群。按企业所承担项目的类型,如房屋、工业厂房、桥梁、道路等来归集。

⑤事业发展型:类似于企业事业部的设立,将同一个地区的项目集中在一起。

当然,上述基准之间并不矛盾。最普遍存在的是混合结构,即根据上述多个基准综合考虑而归组。

项目的规模是影响项目是否集群的一个重要因素。本书并不认为所有的项目都应该实施集群管理,而应视项目的规模而定。一般说来,将一些有关联的中小型项目集群起来管理,有利于资源的共享和整体成本的节约。但对于一些大型或特大型项目,就可能难以再和其他项目集群,因为在大型项目内部足以保证资源的充分利用。但本书仍将这类大型或特大型项目视为项目群,而将大型项目中的子项目视为项目。本书称大型项目或特大型项目为对象导向型项目群,这是建筑业中最普遍的项目群,下面详细讨论这类项目群的类型。

3.3.2 对象导向型项目群的类型与特征

除了上述基于企业管理上的目标而按一定的分类基准归集起来的项目群外,

大量存在于建筑业的项目群是由工程本身联系起来的。这类项目群是本来就存在的,长期以来,这类项目群被看成大型项目或巨型项目。本书称这类项目群为对象导向型项目群,这类项目群也可以看成是同一客户的组合型项目群。

为了进行对象导向型项目群的特征研究,本书采用案例分析、归纳的方法,选取了五个具有代表性的工程案例,从这些工程的特征中归集总结不同项目群的特征,并进行分类。这些工程的特征总结在表3-4中。

案例比较表 表3-4

特征	案例A（明园安桥花苑）	案例B（广州新白云机场）	案例C（环球金融中心）	案例D（济南西区新建）	案例E（万科城市花园）
实施单位	苏中建设	中建总公司	中建总公司、上海建工联合体	西区建设指挥部	万科集团
区域分布	一个地点	一个地点	一个地点	一个区域,多个地点	多个城市,多个地点
设施类型、大小和相似性	高层建筑,项目相似度高	基础设施,所含项目类型多样,不相似	商务楼,所含项目不相似	新区建设（大学城）	房产开发,项目相似
项目类型	房屋建设	候机楼、跑道、宾馆等	新建商务楼	房屋、道路、环保设施等	房屋建设
项目的数量	12栋	不确定	确定	不确定	不确定
项目/项目群预算	总价固定承包,共5.6亿元	总约200亿,分期投资	约100亿	160亿,分期投资	不确定,视资金和政策调整
项目群和项目的定义	项目群和项目定义明确,按图施工	项目群定义明确,细部项目定义不明确,尚需细化	总目标定义明确,但要细化图纸	项目群定义明确,但项目不明确	不明确,但具体的项目定义明确
项目群的时间范围	时间限定明确,合同工期2年,已完成	分期实施,一期已完成	不确定、正在实施	时间限定不明确,正在实施	不明确

本书参照Blismasla等人(2004)提出的业主型组织项目群分类模式,以这些模型的基础:项目群定义和确定性的程度,作为构建建筑业项目群模型的定义标准。本书提出三种项目群,分别命名为:确定型项目群、滚动型项目群和目标调整型项目群。这些类型是基于一种连续的统一体,而不是几种孤立的类型。在本质上来

说，这三种模型分别描述的是一个项目群的确定性程度。另外，需要注意的是，一个企业的建设项目组合通常包括许多并行的项目群，而这些项目群的类型可能会有所不同。

本书选用四个要素作为对象导向型项目群类型识别的主要特征，这 4 个特征与项目群定义和确定性的程度有关。分别是：时间范围、项目群定义、项目群目标和项目的相似性。另外提出 9 个特征作为这三种类型的特征描述，以确定每种类型在每项特性上表现的程度。表 3-5 是这三种类型的概括描述。

对象导向型项目群类型特征（参照 Blismasla 2004 修改） 表 3-5

特 征	确定型项目群	滚动型项目群	目标调整型项目群
时间范围*	限定的	持续的	可变化的
项目群定义*	严格定义的项目群（或许多项目）	开放的，模糊定义的项目群	可变的定义，通常适度的变化
项目群目标*	基于特定的结果	逐步扩展的实施目标	适度定义的共同目标
项目的相似性*	很高的相似程度	多样性	中度的相似
项目的相互影响	高	低	中
项目的地点	在一个特定的地点	多个地点	一个或多个地点
经济环境的影响	低	高	适度
供应链伙伴关系	很高的可靠性，但仅限于一个项目群中	非常长期的合作	变化的，但可以通过目标工作建立长期联盟
大批量采购	很大的潜力	变化的	高～中
学习和知识保持力	低	高	中
创造和创新能力	变化的	高	中
工作量的确定性和连续性	短时间确定性高，没有长期连续性	短期确定性低，长期的连续性好	变化的（减少随机性）中度
受进度和其他变化的影响（柔性）	在整个周期中低，短的时间内有可能高	长期的高度柔性	为适应目标而不断变化

注：表中带"＊"者为项目群分类的主要指标，其余为对不同类型项目群进行的详细描述。

（1）确定型项目群

确定型是指那些已被明确定义，有范围限制的项目群。这类项目群有定义好的结果，没有后续的项目群，受外部经济环境的影响不大。表 3-6 为确定型项目群特征的详细描述。

确定型项目群的特征(参照 Blismasla 2004 修改)　表 3-6

特　征	确定型项目群	详 细 描 述
时间范围*	限定的	有明确的时间要求,没有时间延续的可能,这是确定此类项目群的最根本的特征
项目群定义*	严格定义的项目群(或许多项目)	在对项目群目标清晰了解的基础上定义项目群
项目群目标*	基于特定的结果	这是上一个特征的扩展,目标集中于已经定义好的特定结果
项目的相似性*	很高的相似程度	其包含的工作明确,项目类型有高度的相似性
项目的相互影响	高	项目的相互依赖性比较高,这类项目群可以应用严格的计划方法,因而相互依赖,进一步说,这类项目群基于所有项目的完成,因此所有项目的结果相互关联
项目的地点	固定的项目群实施场所	由于项目群是严格定义的,所以需要确定的地点
经济环境的影响	低	这类项目群处于确定的状态,经济波动对项目进度和完成的影响较小,对整个项目群的影响也不大
供应链伙伴关系	很高的可靠性,但仅局限于一个项目群中	这类项目群有确定的长期合作伙伴,但在时间限定的范围内仅限于一个项目群中
大批量采购	很大的潜力	由于项目相似,高度的确定性,可以事先找到理想的供应商
组织学习和知识的保持力	低	由于采购可以事先确定,项目群处于确定的时间内,大部分知识可以系统地从母组织中获得
创造和创新能力	变化的	确定型项目群的本质显示,设计在很大程度上是确定的,再联系上一个特征,在整个项目群周期中重新提出改进或变化的机会就比较低,机会存在于早期
工作的确定性和连续性	高	因项目群是按照详细计划执行的,在短期内工作量和一般的连续性工作是确定的,但一些合同可能是不确定的
受进度和其他影响	在整个周期中低,在短的时间内高	在一个稳定的内部环境下,项目群内的变化和柔性非常小

注:表中带"＊"者为项目群分类的主要指标,其余为对不同类型项目群进行的详细描述。

这类项目群的最明显的特征是高度的确定性。项目的连贯性较高,业主的变化较少,可以获得大规模采购和稳定供应链的收益。这种稳定性便于安排项目的顺序,并且在项目开始阶段就能确定项目的细节,这个项目群中的项目相似、技术成熟。案例A即是这种项目群的典型代表。

(2)滚动型项目群

滚动型项目群表现出和确定型项目群相反的特征。这类项目群一般仅有一个大的方向,具体的实施过程要根据环境的变化确定,所以充满着不确定性。表3-7详细描述了这类项目群的特征。

滚动型项目群特征(参照Blismasla 2004修改)　　表3-7

特　征	滚动型项目群	详细描述
时间范围*	持续的	这类项目群没有限定性,没有确定的时间约束
项目群定义*	开放的,模糊定义的项目群	项目群定义通常不明确,不断有项目随机进入项目群,但项目群内的项目是定义好的,项目群的确定性很低,并不断变化
项目群目标*	逐步的或增加的	这类项目群的目标通常与后续的项目群目标相关联
项目的相似性*	多样性	其中的项目各不相同
项目的相互影响	低	由于项目是单独启动的,通常是独立采购,资源管理可能与其他项目重叠,同样,项目对组织的贡献也是独立的,完成项目通常不需要其他项目的协助
项目的场所	可能处于多个地点	由于没有时间的约束,有利于选择合适的地点
经济环境的影响	高	由于这类项目群的开放性特征,所以受经济环境指标的影响较大
供应链伙伴关系	高	供应商选择是一项反复的工作,目的是建立长期的合作关系,但由于短期内有很大的不确定性,意味着较低的承诺,有很大的局限性
大批量采购	变化的	有很大的可能性,但依赖于标准化和业主的购买力
学习和知识的保持力	高	由于项目群是动态变化的,通常存在企业层面的管理,因此学习保持力高,但如果工作不连续或人员流失,知识可能会流失
创造和创新能力	高	由于项目群的动态变化的特征,如果有利于提高收益,允许试验和改进性的创新
工作量的确定性和连续性	短期确定性低,长期的连续性好	项目的连续性和从长期看整个过程也是确定的;但是短期或中期变动非常大,使得项目非常不稳定,因此工作量不确定,有很大的波动
受进度和其他影响	高度柔性	这类项目群的很多特征决定了他们变化的多样性,业主将根据环境的变化做出调整

注:表中带“*”者为项目群分类的主要指标,其余为对不同类型项目群进行的详细描述。

即使组织的建设目标明确,项目定义完善,这类项目群的进展、组成和项目的数量也有很大的不确定性。项目群的总体目标要根据环境条件调整,使项目群以更有利于组织战略的方式进入下一个阶段,一些相关的项目随时会加入该项目群,有很大的变化和不可预测性,而项目群也没有一个明确的结束时间。这类项目群具有随机、长期、连续的特性。承担这类项目的企业通常与业主有长期的合作关系。企业需要适应业主的这种运作方式,根据项目群的"指示"提供产品和服务。业主也应努力使"滚动型项目群"接近"目标调整型项目群",以争取稳定并获得相关的收益。

案例 E 即是这类项目群,万科集团在全国各地"复制"其在深圳运作成功的项目"城市花园",而具体要修建多少,每个项目的大小、投入的资金等都是不确定的,要根据外部环境的变化作出调整。案例 D 是一个新区的建设,所包含的项目不确定,也各有不同,也可以看作是一个滚动型项目群。

(3)目标调整型项目群

目标调整型项目群是上述两种形式的混和,既表现出滚动型的开放、柔性特征,也有确定型的定义和方向性成份。

表 3-8 详细描述了目标调整型项目群的特征。

目标调整型项目群特征(参照 Blismasla 2004 修改)　　表 3-8

特　征	目标调整型项目群	详 细 描 述
时间范围*	可变化的	这类项目群的时间框架通常定义为一个目标,尽管这个目标可能会跟随环境的变化而变化
项目群定义*	可变的定义,通常适度的变化	这类项目群的定义比滚动型的要好,但不如确定型的严格,其中的项目已经严格定义
项目群目标*	适度定义的共同目标	这类项目群的目标上升为组织目标的一部分,通常有确定的目标,尽管通常会受到环境条件的制约
项目的相似性*	中~高	这类项目群中的项目通常有部分相关,因此本质上有些相似
项目的相互影响	中	项目之间的影响中度,尽管在资源分配方面相互影响很大。如果这些项目之间有重叠,那么项目管理和供应商资源可以延伸,项目群内所有项目目标的完成通常是非常重要的
项目的场所	一个或多个	有很大的不确定性

续上表

特　征	目标调整型项目群	详细描述
经济环境的影响	中～高	这类目标的特性受限于经济的影响,为了实现项目群目标,可能会降低或加快项目的进度,另外可能会改变目标数量以适应经济环境的变化
供应链伙伴关系	变化的,但可以建立长期联盟	与滚动型相似。承包商对工作有很好的计划,但业主为了保持有充分的主动,很少签订承诺合同。存在长期合作的可能
大批量采购	高～中	像上一个特征一样,目标数量十分稳定,但大批量采购由于受到变化的收益影响而降低
学习和知识的保持力	中	学习和知识保持力依赖于知识的供应者反复的程度。外部采购通常是使组织保持柔性,但也导致了知识的流失
创造和创新能力	中	潜力很大,依靠项目群定义
工作量的确定性和连续性	变化的(减少随机性)中度	工作量比滚动型较稳定,尽管不如确定型那样明确。即使项目群受环境的影响较大,但目标的特性还是集中于稳定性和连续性
受进度和其他影响	为适应目标而不断变化	目标特征根据环境的变化而调整。

注:表中带"＊"者为项目群分类的主要指标,其余为对不同类型项目群进行的详细描述。

目标调整型项目群源自一个组织的战略,这个战略对远期需求变化有一个清晰的认识。这些战略必须转变成具体的形式,这就形成了目标调整型项目群的实施动力。目标调整型项目群表现出的变动性是在已确定目标范围内的微小变动,因此与滚动型比较,能更有利于追求持续的利益,这是三种项目群类型中最普遍存在的一种。

案例 B 即为目标调整型项目群的特例,有一个总的规划,但目前只进行了第一期的建设,后续的建设要受到经济环境的影响。

上述分类是根据案例总结而来的,表 3-9 根据上述标准对这 5 个案例进行分类,前四个主要的指标用于分类,后面的 9 个指标用来对其特征进行更详细的描述。

尽管这 5 个案例的类型按照上述标准可以确定,但上述三类也并不是包括所有的项目群类型,如案例 C 尽管可以看作是一个目标调整型项目群,但在剩余的 9 个特征中有 5 个与目标调整型的特征不符,因此也可以单独作为一类,就是巨型项目,这可以看作是第四类项目群。

案例的项目群类型确认 表3-9

特　　征	案例A	案例B	案例C	案例D	案例E	总计
时间范围* 项目群定义* 项目群目标* 项目的相似性*	确定型	目标调整型	目标调整型*	滚动型	滚动型	—
项目的相互影响	√	√	×	√	×	3/5
项目的场所	√	√	√	√	√	5/5
经济环境的影响	√	√	×	×	√	3/5
供应链伙伴关系	√	√	√	×	√	4/5
大批量采购	√	×	×	√	√	3/5
组织学习和知识的保持力	√	√	√	×	×	3/5
创造和创新能力	√	√	√	?	√	4/4
工作的确定性和连续性	√	√	×	?	√	4/4
受进度和其他的影响	√	√	×	√	√	4/5
总计	9/9	8/9	4/9	4/7	7/9	

注:1. √:表示与此类型的特征相符;×:表示与此类型的特征不符;?:不能确定。

2. 表中带"＊"者为项目群分类的主要指标。

还有一类项目群是维修项目,这在一定程度上可以看作是滚动型项目群,但与新建项目有明显不同,因此可以作为第五类项目群。

项目群分类有利于识别其主要区别,对不同的项目群类型应用不同的管理方法。高度确定性的项目群,如确定型或部分目标调整型,把项目群看成一个整体比单独对待单个项目能获得较大的收益,但滚动型项目群则依赖于合同条件。不同类型项目群的特征进一步支持了前人的观点:不同的项目应用同样的管理方法,不能获得预期的收益。

事实上,以工程(对象)为联系的项目群从业主角度看,就是业主的组合型项目群;如果业主将整个工程发包给一个单位(即现在通常说的工程总承包),也就成了承包企业的企业项目群。因此,以工程对象为联系的项目群可以看成是组合型项目群的一种特殊形式,两者之间存在必然的联系。

3.3.3 建筑业企业项目群管理实施模型

尽管现有文献对项目群的实施提出了很多模型,但也仅仅是讨论一些理念方

面的理解，对于实施的详细步骤却很少涉及，这也限制了项目群管理的推广。由上节所述可知，不同类型的项目群需要不同的管理方法。本节结合建筑业特点，以最常见的目标调整型项目群为对象，构建企业项目群实施模型。

有许多学者提出的不同的项目群实施模型，最著名的是 Haughey(2001)提出的项目群生命周期模型，如图 3-2 所示。

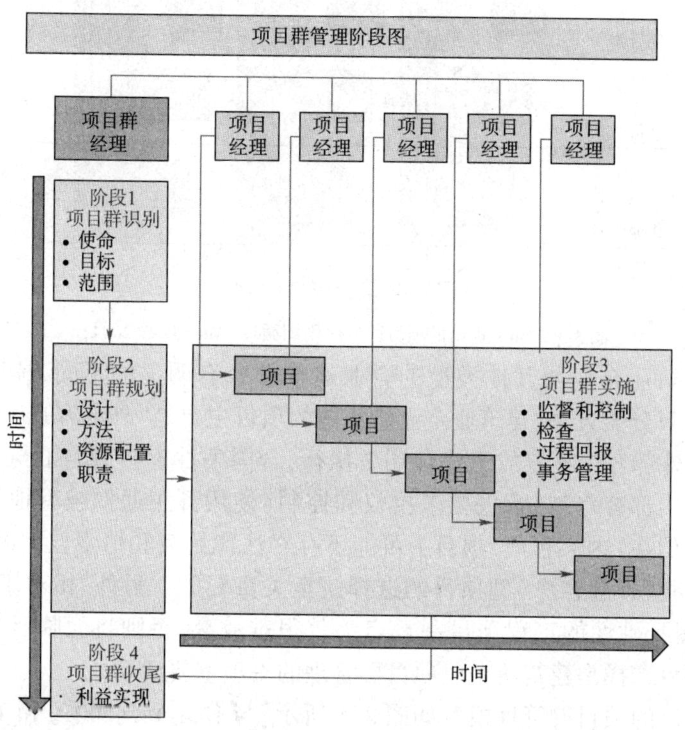

图 3-2 Haughey 提出的项目群生命周期(After Haughey 2001)

这个模型是基于这样一个假设：项目群在开始时，其输入是定义好的，项目群的方向和组成也是确定的。因此，这种观点是说，通过事先确定合适的“组群”可以实现同战略的连接，在实施过程中，只需要通过“调整”，就可以使项目群和战略保持一致。这其实还是在用项目管理的方法管理项目群，如整个过程分成四个阶段：①识别；②定义；③执行；④收尾。对于本研究提出的确定型项目群，这个管理框架是合适的。

与 Haughey 相比，Thiry(2004)提出的模型更加强调了项目群生命周期的循环特征，如图 3-3 所示。从中可以看出，每一个项目群循环包括定义、组织、实施和评估四个阶段，只要一个项目群有其存在的价值，它将继续循环下去。这个模型对于本书提出的滚动型项目群非常适用。但 Thiry(2004)对于项目群的具体实施过程没有做详细的论述。

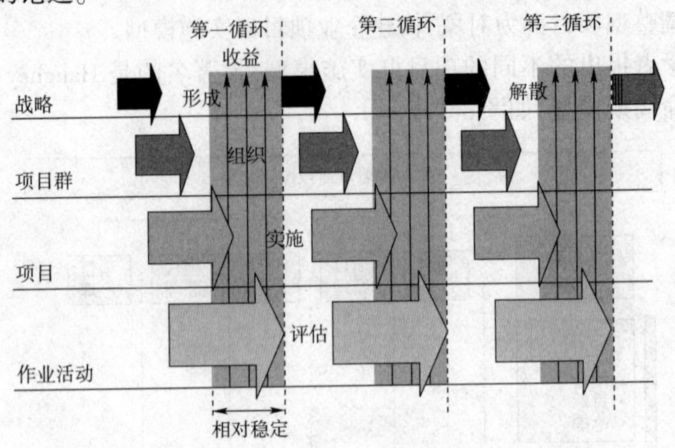

图 3-3　Thiry 提出的项目群生命周期循环(After Thiry 2004)

由于建筑业企业与其他类型的企业运作模式有明显的不同,按照 Archibald(2003)的项目分类方法,建筑业企业所实施的项目主要是“外部客户”型项目[1],即项目是在与外部客户签署的正式合同下执行,合同条件直接影响了与合同相关的风险程度,“内部客户”尽管也要求授权和控制(使用开工通知或其他内部合同文档和协议),但在“内部客户”项目上可能不存在法律约束和追索权。因此,建筑业企业对于这些“外部客户”型项目的选择是至关重要的。另外,相对于研发、IT 项目等软的项目,硬性的工程项目一旦启动就很难放弃,否则将面临巨额的法律追诉,所以,项目选择是建筑业企业项目群管理的一项重要活动。

本书提出的项目群管理模型如图 3-4 所示,与 Haughey(2001)和 Thiry(2004)提出的项目群管理模型强调项目群的线性生命周期不同,本书强调的是项目群管理的实施活动,这些活动尽管有一定的先后顺序,但却存在很多的重叠和并行。

项目群管理实施的前提是确定项目群目标。项目群目标的确定主要是为识别内外变革的压力,找出应对这些变革并为项目干系人增值的最佳方式。近几年来,人们对于建筑业作用的理解也在变化,如 Saxon(2002, cited Lorch 2003)所说,建筑业的任务是“创造建成环境,增进绩效和福利,给社会带来增值”,而不仅仅是传统意义上的“营造建筑物”。例如,业主想得到的不是建筑物本身,建筑物不是他们的核心业务,他们想得到的是集成化的业务解决方案,通过这些方案集成提供产品

---

[1] 建筑业企业存在的意义在于完成“客户”的工程项目,是典型的承接“外部客户”项目的多项目企业。

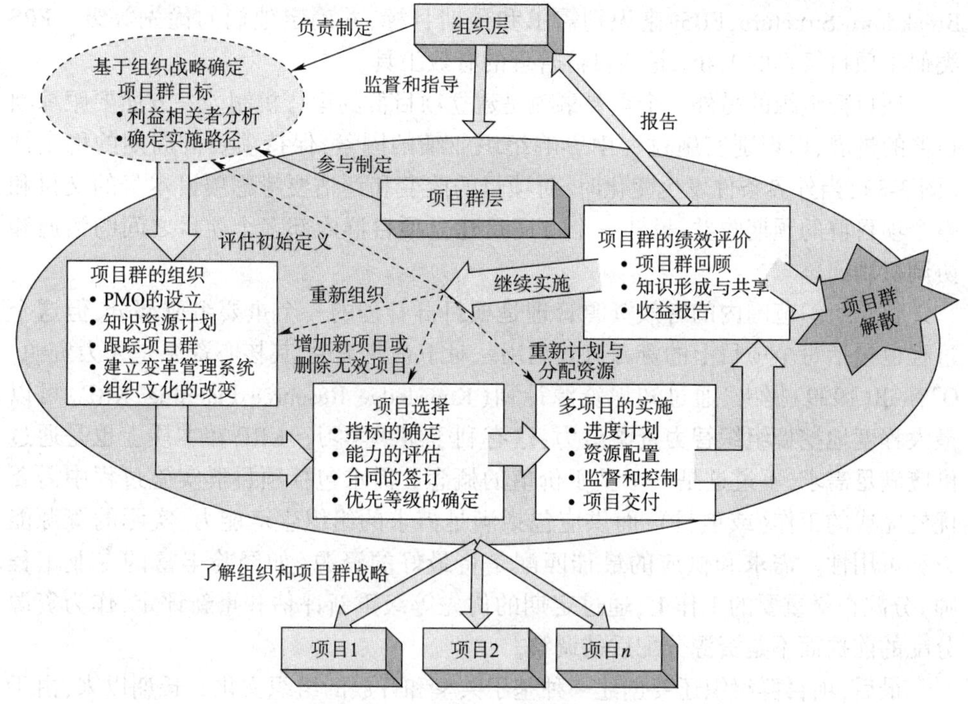

图3-4 建筑业企业项目群管理模型

和服务以满足实际需要(Lorch 2003)。因此,建筑业企业在确定项目群目标时,要树立“增值”的观念。首先要进行利益相关者分析,明确所有的利益相关者对项目群的潜在影响。一旦确定了这些影响,项目群团队和主要的利益相关者就需要进行功能分析,利用功能分解结构(Function Breakdown Structure,FBS)对利益相关者的需求和期望按其重要性进行划分,即从项目群的“目的”到为实现这一目的需要实施的行动(从软的到硬的,从无形到有形,从抽象到具体),相关各方对于关键成功因素要在行动开始之前达成一致,一旦确定下来也就成了衡量项目群成功的标准。

下面从四个方面来讨论建筑业企业项目群管理的实施,分别是项目群管理的组织体制建设、项目选择、项目群中多项目进度计划与资源配置的动态管理以及项目群管理绩效评估。

(1)项目群管理的组织体制建设

项目群管理的第一步是构建实施项目群的组织架构。这主要包括岗位设置和职责分配、项目群内项目之间相互影响的识别,以及沟通体系的建立。项目群经理应明确项目群每项关键成功因素的责任主体,一般应基于功能分解结构(Function

Breakdown Structure，FBS）来识别需求和预期目标，并确定他们的优先等级。FBS类似于项目管理的 WBS，是项目群管理的有效工具。

项目群组织的另外一个重要事项是建立项目群的运行机制。一方面要跟踪项目群的进展，以识别实施过程中影响组织业绩的因素，保持项目群周期的稳定性（图 3-3），当外界条件发生变化时，对项目的改变和评估要考虑项目本身的交付和整个项目群的预期收益；另外一个方面是建立项目群内部多个项目之间的沟通和协调机制。

整个组织范围内的有效资源管理是项目群管理的一个重要组成部分，但这个过程也包括每个项目上的资源有效利用。对于企业来说，其核心资源是人力资源。O' Neill（1999）提出，通过知识资源计划（Knowledge Resource Planning，KRP）可以最大程度地挖掘组织智力资源潜力，这有利于组织学习。KRP 在本质上也是通过供应满足需求，不过这是一个基于价值的概念。需求包括项目群实施过程中需要优先完成的工作（或项目）；而供应包括满足需求的组织生产能力、实际的资源能力和可用性。需求和供应的最佳匹配是将最好的资源（如经验丰富的专业工程师）分配在最重要的工作上，通过定期的优先等级重新评估和重新评定，作为资源分配的前提而不是资源分配后的调整。

最后，项目群组织还要创建一种基于共享和开放的组织文化。长期以来，由于项目管理在建筑业倍受推崇，多数建筑业企业形成了一种“各自为政”的文化氛围，项目经理们由于要从一个资源库内获取支持而会产生冲突。所以，项目群组织要改变这种文化状况，是一个长期的过程。

（2）项目选择

项目选择包括项目的识别、组织资源和管理能力的评估以及确定项目的优先级。项目选择应该考虑项目之间的“相互依赖”、相互影响和对组织的综合贡献。项目群团队要全面分析项目之间的相互作用和界面，决策的执行不能仅仅关注单个项目的实现，而是要关注所有项目对整个项目群、组织战略的贡献。

由于建筑业市场竞争非常激烈，很多企业不加选择地承接项目，甚至有些企业认为本来整个市场就是“僧多粥少”，根本没有选择的余地。但正如图 1-4“鲸曲线”所描述的那样，有很多项目并不能为公司带来价值。因此，市场竞争越激烈，项目选择越重要。

项目选择的过程就是根据一定的评判标准，对潜在的项目进行排序，选择那些优先等级较高的项目。评判的标准应包括项目群的关键成功因素，如财务指标、风险因素等，项目之间的相互关系也要作为项目评定优先级的一个因素。但多数评判标准并不是定量指标，难以给出一个确定的定量值，因此，本研究拟将模糊评价

的数学方法应用于项目选择中。

(3)项目群中多项目进度计划与资源配置的动态管理

项目群中多个项目的实施包括项目的正式启动,项目收益、优先级的重新评定。一旦启动,项目群经理需要管理和优化配置资源,并评价项目的成果,这个过程实际上包括项目的执行和控制,这个过程是动态的。项目群经理要将项目群视为一个整体系统,并且这个系统是动态的。项目群的动态性不仅表现在现有项目之间的资源动态配置,还应包括项目群中原有项目的终止或交付、新项目的加入的动态变化。

在实施阶段,对组织人力资源的有效使用是项目群管理的一个显著特点和优势。知识资源计划(KRP,O' Neil 1999)包括对拥有高度熟练知识的管理骨干、熟练工人这类"稀有资源"的最佳使用。项目需求与资源供应间的不平衡是项目群经理经常面对的主要困难,因此需要一个总体计划来管理这些"公共"资源,这就有必要使战略目标与重要资源相一致,并将最好的现有资源用到最需要、最重要的项目上。当越来越多的公司选择使用企业资源计划(ERP)、实时预算和绩效评估等工具时,对资源进行系统和整体的管理就变得尤为重要。KRP是指对全公司知识资源的供求进行平衡的一系列过程。这一点在项目群的计划阶段也应有所体现。KRP的核心是对主要的项目进行资源的优先配置,最佳人选被安置到最重要的工作上,并确保知识在整个组织最大程度的共享。

(4)项目群管理绩效评估

组织通过对项目群的评估,评估项目群收益并确定这个项目群是否继续执行下去。项目群评估需要回顾项目群定义时的目标,结合项目群实施以来组织内外环境的变化,评估项目群初始目标的完成情况。

项目群评估是以收益的评价和经验教训的汲取为基础的,因此需要建立一套规范的流程和评价体系。评估指标的确定要全面反映项目群的预期收益,而不能仅仅关注财务收益:要全面衡量项目群对组织战略的贡献。本书将在第七章详细讨论。

在项目群评估阶段,组织要作出的最重要的决策就是:这个项目群是否还有必要继续进行下去。如果一个项目群失去了其存在的基础,如预期的收益已经实现,投入的成本超出了其产出,或者环境已发生了变化,项目群要完成的目标已没有必要实现,或第一循环结束后证明,项目群最终根本无法实现其预期目标,这时就应作出解散项目群的决策。

3.4 案例研究背景概述

由于项目群管理模式在我国建设行业还没有得到广泛推广,甚至在国外也仅有少数的大型国际化公司在推行,因此,本书的实证研究比较困难,很难找到现成的案例进行分析。在原建设部软科学课题《建设工程总承包企业知识经营的研究》(项目编号 04-1-005)支持下,我们与课题合作单位 NTH 建设集团共同研究(文中隐去该公司名称,后文以 NTH 公司代替),在该公司推行项目群管理,目前课题取得阶段性成果。

NTH 集团公司前身是一家市属国有施工企业,于 1998 完成股份制改制,国有资产全部退出,现已发展成为一家集设计、施工于一体的大型建筑业企业,拥有原建设部颁发的施工特级资质、甲级设计资质,是我国建筑业百强企业之一。

该公司从一个区域型施工企业,发展成为一个国际性承包商;从单一的房屋建筑施工发展成为业务涉及工业与民用建筑、设备安装、路桥工程的设计与施工等领域。随着公司规模的扩大,业务领域的增多,公司管理上面临很多问题,如公司和分公司(项目部)之间的利益分配冲突越来越大;项目部和公司职能部门之间的矛盾越来越突出;公司的人力资源,特别是复合型人才严重缺乏,公司管理层越来越感到管理方式改进的必要性。他们决定在公司内引入企业项目群管理模式,来改变传统的项目管理方式。通过合作课题研究,对企业项目群管理的实施步骤进行分析,并对其必要性和可能遇到的问题,达成以下共识:

(1)评估组织的能力和面临的挑战

评估的目的是决定组织未来面临的挑战和哪些方案可以改善目前的状况。评估阶段的成果是确定组织的愿景,同时还包括实现这种愿景所需要的技能的评估。高层管理人员必须理解企业项目群管理的本质。

(2)设立机构和人员配置

企业项目群管理项目的开始通常是由高层召开一个简短的会议,描述推进企业项目群管理需要的努力。高层承诺为企业项目群管理项目分配骨干人员和其他资源,设立项目群管理办公室。

(3)确定项目选择流程和优先等级评定指标体系

确定项目选择流程,主要是考虑项目的背景和公司的能力,并且要明确项目选择决策权的归属与责任。同时,项目选择的指标根据不同的项目、公司所处不同阶段都会有所不同。

(4)选择部分项目,试验项目群管理模型

验证的最好方法是选择一系列项目进行实施。通过一系列项目具体的集群实施,可以提供一个让新建立的项目群管理办公室、熟悉他们的角色和职责的机会,可以检验企业项目群管理模型。

确定哪种项目适合用于试验,可以从两个方面去考虑。一种是选择处在混乱

中,管理不善的项目。选择这种项目的优点是:如果项目运作成功,就有充足的证据来说服那些持怀疑观点的人。存在的风险是:不论什么原因最终导致项目的失败,企业项目群管理必将一起遭殃。

另外一种是选择简单、快赢的项目。这种快赢项目的优点是:利用一个项目团队去适应设计好的企业项目群管理模式。加上项目的成功,企业项目群管理的原理和实践就被看成是成功的一部分。缺点是:人们会认为项目的成功是必然的,很难确定企业项目群管理在其中起了多大的作用。

(5)全组织范围推行企业项目群管理

当企业项目群管理模型试验成功以后,把每个项目团队都按照企业项目群管理模式安排,企业项目群管理就在全组织范围内推行。因此,企业项目群管理的实施是一个不断循环上升的过程,从容易实现的基本解决方案,到成熟的企业项目群管理模式。随着组织实施企业项目群管理的成熟,将提高组织的预测、进度安排和绩效评定的准确性。

该公司按照同一个业主的基准集群,与业主建立了长期的合作关系,组建专门的项目群为大客户跟踪服务。项目群高层管理人员相对固定,业主将业务开拓到哪里,这个项目部就服务到哪里,打破地域的界限,而项目需要的专业技术人员、劳务人员则按照区域属地共享。

本书第四章到第七章,将以 NTH 公司为案例进行分析,但由于 NTH 建设集团公司推行企业项目管理模式还处于试验阶段,本研究跟踪收集的数据还不完整,无法形成一些必要的基准参数,以用来实证模拟第六章中系统动力学模型。因此,有待进一步的跟踪和研究。

3.5 本章小结

本章首先对建设项目的特征进行分析,讨论了项目群理论在建筑业的适用性,接着指出了将现有项目群管理方法应用于建筑业需要进行的改进。进而从能力导向和对象导向两个不同的角度讨论了建筑业领域的项目群分类。在此基础上,结合建筑业的特点,构建了建筑业企业项目群管理的实施模型,主要包括项目群实施的组织体制建设、项目选择、多项目动态管理和项目群管理绩效评价。本书第四章到第七章将详细讨论上述项目群管理实施的四个方面。

第4章 项目群管理的组织体制建设

目标决定组织,组织是目标实现的重要保障。为了实现项目群管理的预期收益,项目群的组织是基础。这包括组织架构的设计,运作机制的形成。企业项目群管理的实施应根据组织的实际情况,对组织结构、工作流程、组织文化和信息技术在组织的应用等方面做一定的调整,当然不是对组织的重新设计,否则就会造成组织的混乱,推行企业项目群管理是一个循序渐进的过程。

4.1 建筑业企业组织方式现状和形成过程

工程项目的建设过程需要来自于不同专业工种和学科背景的许许多多规划设计师、项目管理专家、施工企业以及供货商的参与,需要在诸多项目参与方之间进行跨组织的紧密协作。因此建筑业企业的组织边界是动态的(图4-1)。一方面,组织实施的项目数量和规模不断变化,因此需要动态配置组织资源,在虚拟的团队中与其他组织相互协作;另一方面,公司需要建立多个不断变化的战略联盟,管理与不同项目相关的社会环境关系。为了管理企业的这种动态性,除了强调组织战略规划、企业文化的建设和持续的组织发展以外,实施项目群管理达到特定的功能整合也是必需的。

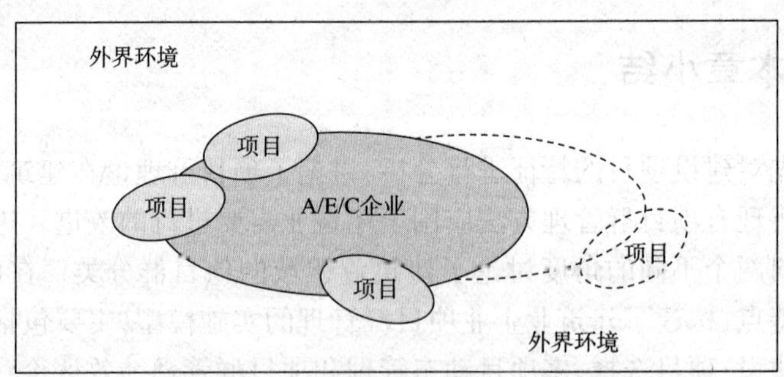

图4-1 建筑业企业的动态组织边界

企业为了管理这些处于组织动态边界的多个项目,一般采用矩阵型组织结构,但这种结构的运作普遍存在困难。因为将项目经理的角色引入到长期以来建立的高度官僚的职能结构中,然后恰当平衡职能经理和项目经理之间的责任和权利并非易事。问题的症结是，项目中的人员必须接受两方面的指导：职能经理和项目经理。项目中的人员把这种情况看作是有两个老板，这违反了"命令一致"（Unity-of-command）的管理原则和通行做法（Engwall and Sjögren 2001）。如果不能正确理解来自两个指令之间的区别，就会产生冲突。

其实，有多种矩阵组织形式可供选择。Youker（1977）提出了五种不同的组织类型：职能型、弱矩阵、平衡矩阵、强矩阵和纯粹的项目组织。图4-2所示的就是介于完全职能型组织和完全项目型组织之间的、从弱矩阵到强矩阵的不同矩阵类型。从左至右，赋予项目经理的权利越来越大，组织正是沿着这个路线完成提高其项目管理的成熟度。

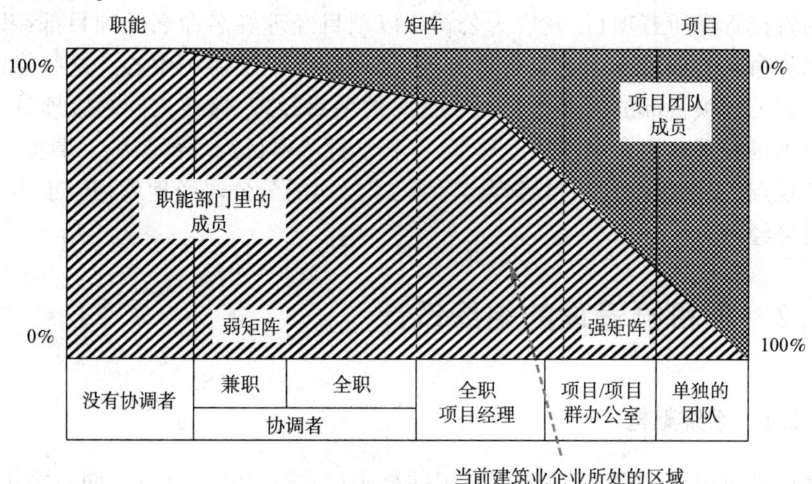

图4-2 组织谱（After Youker R.，cited Achibald 2003）

从我国建筑施工企业的组织结构变化也可以看出这种趋势。如在1989年的"鲁布革冲击"以前，我国建筑业企业的组织结构是典型的职能型，采用的是"公司经理—工程队队长—工长"的线性命令链，1989年以后我国全面推行"项目法"施工，企业采取的是弱矩阵型组织形式，当时大型工程项目的项目经理多由企业级领导（如企业副经理或生产队队长）兼任。直到1995年底我国全面推行项目经理职业化，认定项目经理资格，才有了全职项目经理的出现。当前我国正在进行的项目经理向注册建造师的转变，是对项目经理职业化的进一步深化。

当前建筑业企业的组织形式一般是处于如图4-2中两条虚线之间的区域。尽管组织出现了全职的项目经理，但由于组织中没有专职负责项目统筹和协调的功能单元，所有项目的统筹和协调仍然由总经理负责。受到有效管理幅度原则的限制，当项目数目增加到一定程度时，必然需要通过增加管理层次来保证有效的领导，于是就出现了各个副总经理分而治之的局面，各项目之间协调困难的问题始终存在，这就需要一个统筹协调部门。

由于工作需要，笔者在2000年曾对山东省四家最大施工企业的组织结构进行过考查，这四家单位都属于一级资质施工企业。前三家公司采用的是公司—分公司—项目部的三级管理，基本上属于职能矩阵型组织模式，只有第四家公司采用的是公司—项目部两级管理，当时这四家公司的年总产值基本上在5亿~7亿元。2013年，笔者再次走访这四家公司，他们的年产值都达到20亿元以上。前三家公司虽依然维持着原有的组织形式，但项目部拥有了更大的自主权，主要包括财务权、人事权、采购权等，项目独立核算。第四家公司的组织形式发生了变化，从原来的公司直接管理所有项目，发展为公司—以项目经理姓名命名的项目部—以工程项目名称命名的项目部的三级管理方式，公司成立工程协调中心。这些能以自己名字命名公司项目部的人都是公司中优秀的项目经理，这些人同时管理着多个项目。以项目经理名字命名项目经理部，有利于打造项目经理部品牌。事实上，按照本书的观点，第四家公司项目经理、其他三家公司的分公司经理就相当于本书提出的项目群经理。

4.2 项目群管理的组织设计

4.2.1 系统架构

企业推行项目群管理，需要将组织的结构形式继续沿着图4-2向右推进，朝向超强矩阵发展。为了避免为每个项目建立一个专门机构，以用来协调、整合组织的管理功能，也为了把从一个项目中获得的经验应用到下一个项目中去，设立企业级项目群管理办公室是必要的。项目群管理办公室成员一般由企业级经理、项目群经理和资源/职能经理组成。他们明确企业的战略，确定项目的优先级，把项目管理最佳实践制度化，拓展组织的项目管理能力，从企业全局的视角分配所有的资源，以实现总体的最优投入产出。项目群经理领导项目群团队成员实施项目，并对项目群绩效负责。职能/资源经理在组织中充当“教练”和“导师”的角色，对项目团队成员进行专业技能的培训，并配合项目经理群实现项目群目标。

将相关的项目归集成群，实施项目群管理，尽管不能完全避免项目群经理之间对资源的竞争，但相对于直接管理众多的项目，组织的管理幅度减少，当然同时也增加了组织的管理层次，这也是当前项目群管理受到质疑的主要原因。本书认为，项目群管理办公室的设立和有效运作可以解决或最大程度地减少这些问题的影

响。笔者为 NTH 公司设计的建筑业企业项目群管理的组织结构如图 4-3 所示。

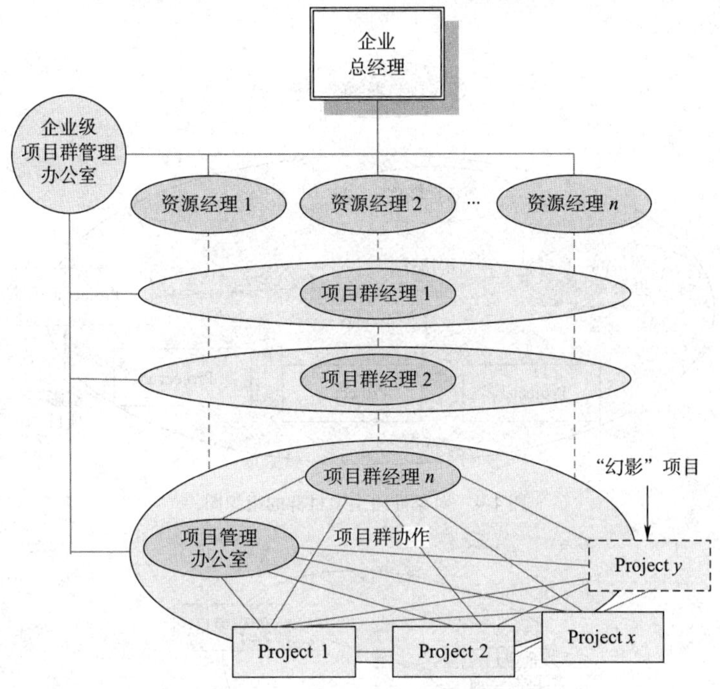

图 4-3 NTH 公司实施项目群管理的组织结构图

上述讨论的是建筑业企业项目群的组织结构形式,事实上,企业除了考虑组织内部的组织安排以外,还要对项目所处的环境、项目干系人的关系等进行考察。下面将从建设工程的角度讨论对象导向型项目群的组织架构。其实,也可以说是站在业主的立场来考察项目群的组织方式。

图 4-4 所示的是对象导向型项目群的组织形式,这类项目群通常被视为大型项目或巨型项目。用对象导向型项目群来替代原有的大型项目的好处是:

①按照大型项目进行管理,必然要通过 WBS 将一个大型项目分成几个"子项目",而从规模和生命周期来看,大型工程的每个"子项目"都具备完整的项目特征,"子项目"之间的界限明显(如专业不同、参与者不同等),直接按照项目进行管理可以减少管理层次。

②一个清楚的术语:用项目群经理和项目经理来代替大型工程中的一个项目经理和多个"子项目"经理。这样更容易识别,否则,一个大型项目有很多个项目经理。事实上,没有人被称为"子项目经理"。

尽管本书研究的视角立足于企业,但了解项目的内外环境无疑是重要的。即在对组织内项目进行集群管理时，要考虑单个项目具体的外部环境。两者关系如图 4-5 所示。

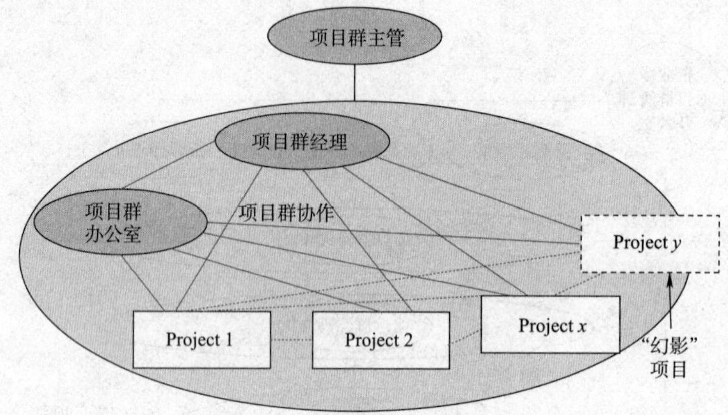

图 4-4　对象导向型项目群的组织图

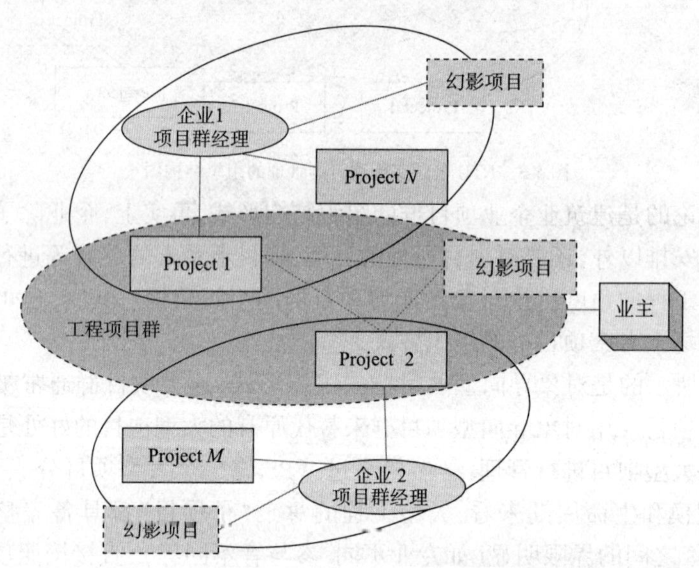

图 4-5　组合型项目群与对象导向型项目群之间的关系

当前我国推行的总承包模式，就是将一个工程类项目群作为一个整体承包给一个企业，由其负责整个项目的建设，这种情况下某一组合型项目群和这个对象导向型项目群就有可能成为一体，本书对总承包不做过多讨论。下面讨论企业级项目群管理办公室的作用和项目群管理的运作机制。

4.2.2 运行机制

(1)项目群管理办公室的运作

项目办公室的出现是项目管理在各领域得到广泛应用的必然结果。而如前节所述,当前绝大部分组织都拥有高度组织化的职能部门,如:信息系统、人力资源、市场营销、物资采购等,而重要职能之一的项目管理作为后来者却公然背离了这一法则:没有或者缺乏结构化的领导。很多组织逐渐意识到在集权化结构下应用项目管理的重要性,就像其他很多成功的职能部门领域一样,在这种背景下,项目办公室的概念逐渐形成了。

项目办公室的发展实际经历了三个层次:第一层次,项目办公室出现在单个项目上,这类项目通常巨大而且复杂;第二层次,项目办公室出现在单个部门内部,管理该部门的多个项目;第三层次,项目办公室存在于企业一级(本书称之为项目群办公室),负责对所有项目进行挑选、确定优先级、管理和监督等,目的是为了实现企业的战略目标。正是由于存在这三个不同的层次,项目办公室还有其他很多名称和定义,如项目支持办公室、项目卓越中心等。处于项目级的项目办公室只针对一个大项目,整个团队在相同的部门或相同的地点工作。而处于公司级的项目群管理办公室试图改变整个组织的项目管理现状。总之,企业内(不是项目级)通常使用的项目群管理办公室(通常也被称为项目群办公室、卓越中心、战略项目办公室、企业项目支持办公室等)包括三种类型:

①职能型项目群管理办公室。该种类型的项目群办公室在企业的一个职能领域或一个部门(如信息系统)使用。它的主要责任是对关键资源库进行管理,即资源管理。该种类型的项目办公室可以与其他职能部门共存。

②客户群项目管理办公室。该种类型项目办公室的作用是为了实现更好的客户管理和客户沟通。具有共性的客户或项目被归集在一起,以便提高管理水平并改善客户关系。多个客户群项目办公室可以同时并存,并且最终可以按照一个临时组织的形式运作。

③企业级项目群管理办公室。该种类型的项目办公室服务于整个企业,并强调企业和战略问题,而不是具体的职能或项目实施问题。

下面着重讨论企业级项目群管理办公室(Programme Management Office,以下简称 PMO)。事实上,软件开发企业或汽车制造业的研发中心早就建立起了项目办公室,并且取得了巨大的成功,现有关于项目办公室的文献也多是关于软件或研发项目的。从目前有关 PMO 的各类文献中可以找到担负着各种职能的 PMO。它的职能有以下两种极端情况:

①业务单元。一种极端情况是领导 PMO 的经理对其所属的项目或项目群承担直接责任。这种管理模式通常被称为“直接式”或“业务单元式”的项目管理。在这种模式下,在其所属项目或项目群范围内的所有权力和资源被分配给业务单元经理。项目群经理负责向业务单元经理报告。

②职能部门。另一种极端情况是职能组织模式。在这种模式下,项目群管理的工作重点在于制定标准、制度、人员培训和其他行政管理工作。PMO 经理对项目群的执行结果不承担责任。对 PMO 经理的评价是根据 PMO 在整个组织范围内的表现进行总体考核,而不是根据某个项目群的成败。

本书的观点是,对 PMO 的功能定位必须考虑上述这两种情况以及位于它们之间的所有可能情形,同时也必须看到正是因为存在这些不确定性,对 PMO 的功能定位才显得更有意义,因此应该采用一种折中的观点。PMO 的职能如图 4-6 所示。

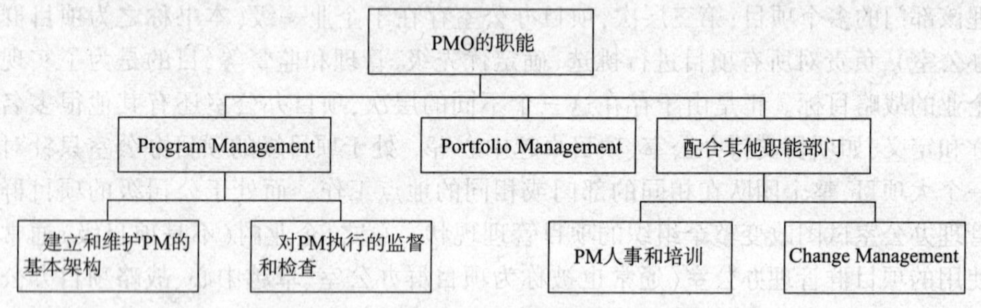

图 4-6 PMO 的职能

PMO 是项目群管理的具体实施部门,本书认同 Marsh(2000)的观点,他给出了项目管理办公室的具体职能:

①对项目群的内容进行定义。

②对项目群的成本和收益进行量化。

③风险管理与评估。

④明确项目组成。

⑤对过程实施监控。

⑥收集经验和知识。

⑦提供专业技能。

⑧维护项目群与组织战略的一致性。

总之,PMO 是用于整个企业的解决方案,跟踪多项目并以实现公司战略为中心。因此,通过设立 PMO 实施项目群管理,可以带来以下收益:

①组织形成了对项目群管理统一的认识,建立了“共同语言”,有助于新思想和新方法的试用和推广。

②标准化的项目群管理基本架构减少了大量重复性的工作,极大提高了实施阶段之前的工作效率。

③把对项目群管理执行的监督和检查作为一项重要的工作内容,及时地进行自下而上的信息传递,为进行项目组合管理创造了便利条件,同时降低了失败的风险。

④由于对组织资源拥有一定程度的支配权,并同属于组织的职能部门,能够高效解决资源分配问题,消除与其他职能部门的冲突并开展合作。

(2)多项目的协作与沟通

为了实现多项目协同效用,相关或彼此衔接项目的经理和团队成员必须保证沟通渠道畅通,合理协调彼此的工作。传统建筑业项目管理由于过于推崇项目经理的“个人英雄主义”,导致项目经理之间很少沟通,各自为政。而一个项目群是由多个项目组成的综合体,在实施过程中,沟通和协调显得非常重要。事实上,这一协调工作是项目经理和职能经理无法担当的,项目经理只对自己承担的项目负责,而职能经理只负责多个项目中特定技术(或资源)以及不同项目的人员之间的协调工作。显然,这些工作是项目群经理及其团队的职责。

在多项目管理中,后续项目经理可能需要同先前的项目经理进行广泛的交流和学习。根据笔者在建筑企业十几年的工作经验,项目经理之间的这种沟通还十分缺乏。为了核实这一点,笔者走访了中建八局和苏中建设两个施工总承包特级资质企业,也证实了笔者的观点。

来自汽车业的经验是,在多个技术开发项目的管理中,负责并行技术转移(图2-3)的项目经理需要花费更多的时间和负责其他项目的经理进行沟通,以实现新项目和其他项目的协调(Cusumano and Nobeka 1998)。他们的工作重心似乎也从仅仅关注项目本身转向既注重项目活动之间的整合,又重视与其他项目的协调。这一点应该是建筑业企业实施项目日群管理时需要学习的。

另外,在调研中还发现,建筑业企业当前使用的项目之间的协调组织机制同汽车研发企业使用的相类似:

①通过会议等方式,在项目经理之间直接实现协调。

②通过公司分管生产的行政负责人进行协调,如生产副总。

③通过职能部门经理实现多项目之间的协调,如公司工程部经理等。

④由参与不同项目的工程师直接共同协调。(如相同专业技术人员之间的协调,但笔者发现这种协调方式仅存在于私人关系密切的人员之间。)这与汽车业研发多项目管理的协调机制类似。

那么,接下来的问题是:上述四种项目间的协调机制中,哪一种最有效?图4-7是Cusumano and Nobeka(1998)对汽车业研发项目研究中,对项目经理的调查问卷的结果。

从图4-7中可以看出,后两种协调方式不被看好,分别只占12%和4%,这一结果表明由于其相对狭窄的视野,来自职能部门的经理和工程师不能有效地进行多项目协调。笔者调研的结果显示,(附录A,问题6)在建筑业多项目之间的协调主要依赖于第二种方式,即通过主管经理在多个项目之间协调,占52%,然后是项目经理之间的直接协调,占30%,通过职能经理协调和工程师之间直接协调,分别占15%和3%。这种结果也验证了笔者的观点,与汽车业研发项目管理相比较,建筑业企业项目之间的"敌对文化"更加强烈,项目经理之间主动沟通和协调存在困难,这也说明了建筑业企业增设项目群这一层次的必要性。

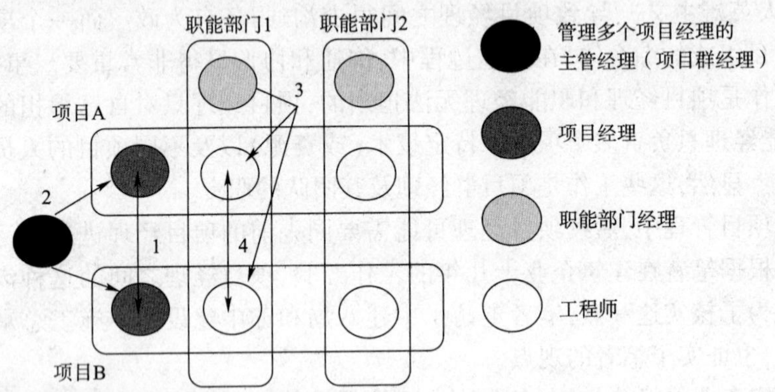

在不同的项目间协调机制中,哪一种最有效?

1. 项目经理直接协调(49%)。
2. 通过管理多个项目经理的主管经理协调(35%)。
3. 通过职能部门经理协理(12%)。
4. 工程之间直接协调(4%)。

图4-7 项目间的协调机制(After Cusumano and Nobeka 1998)

4.3 组织文化的转变

一种新的管理方法简单地强加于组织成员,不被组织成员从内心接受,则很难取得成功。成功的文化转变需要一个长期持续的过程,从培养组织成员了解改变的内容和必要性,逐步过渡到组织成员从内心拥护,并积极参与。为了提供一个推进文化转变的清晰框架,本书把成功的文化转变分成四个阶段:理解、接受、参与、拥有,如图4-8所示。

推行组织文化转移的第一步是培养组织成员理解变革的原因和预定的结果。

在推行企业项目群管理时，理解是通过和组织不同层次的员工召开目标沟通会议建立的。沟通的重点是让人们熟悉企业项目群管理的术语，提出一个一般的企业项目群管理框架，指明推行企业项目群管理的好处。企业项目群管理的术语、框架和益处必须以简明的方式和员工沟通，这样组织成员才能在体会转变的影响前，以一种习惯的心态接受这些概念。

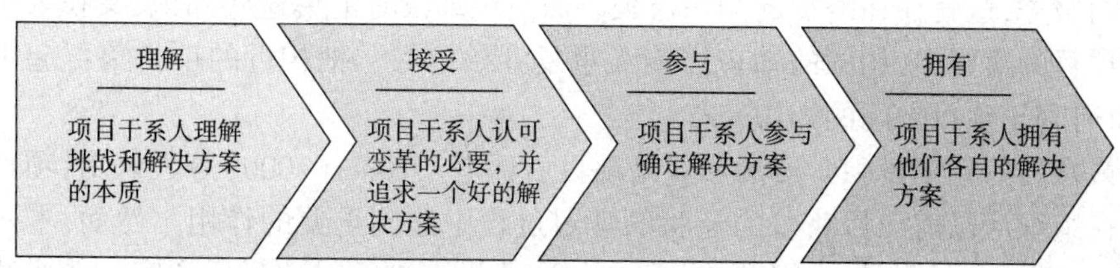

图4-8 组织文化转变路径

当理解阶段完成后，下一个阶段任务是培养组织不同层次项目干系人接受改变。把企业项目群管理一般的概念转变成结合组织实际的具体术语。

文化转变的下一个阶段是参与。如果组织成员参与了设计和执行企业项目群管理方案的全过程，他们将真正拥有自己的解决方案，员工的参与非常重要。当雇佣外部顾问时，组织成员往往会认为一些工作由顾问来完成，无须自己关心。结果是几乎所有的工作都由外部顾问来完成，组织失去很多好的解决方案。

文化转变的最后一个阶段是拥有。组织成员拥有了解决方案，在他们将来使用这些方案时会得到较好的应用，并且可以在使用的过程中加以改进。

推行企业项目群管理过程中文化的转变是一个不断循环的过程，文化转变对企业项目群管理的持续实施非常重要，因为文化的转变有利于权利的转移和知识的共享。下面讨论组织学习和知识管理。

4.4 组织学习与知识管理

从以往项目获得的经验中学习的必要性已经被业界广泛认同。Barnes 和 Wearne(1993)曾经说过，项目管理中经常发生的问题都是项目管理被视为一次性的活动所产生的结果；项目管理者们总是强调这个项目和以前项目的不同，从而逃避从以前项目获得的经验中学习。Kerzner(2000)把不断学习和改进视为组织项目管理成熟度的最高级别，并强调如果不能不间断地从以前的项目中汲取经验、总结教训，组织很快就会在项目管理方面由成熟变为不成熟，过去的许多错误又会重新出现。Cooper(2000)则说，那些认为自己与众不同的组织是不可能从过去和别人的经验中进行学习的，然而，造成项目问题的系统原因和可借鉴的项目管理知识其实就在这些经验之中。

建筑业企业是典型的项目驱动型组织，由于项目的临时性，在组织学习上有一个严重的缺陷：当项目完成解体后，在项目实施过程中积累的知识也就随之消失，知识零星分布在各个项目成员之间，组织也不可能保证拥有专业知识的人员长期为公司服务，这就存在潜在的知识流失。而组织却没有汇集这些知识，又投入到下一个项目的实施中，相同的知识可能又重复开始学习。把相近的项目集群起来管理，可有利于项目之间的知识转移。

最常用的从项目中学习的形式是项目后评审。Tuner(2000)等人认为，项目后评审在组织从以前项目获取的经验的学习过程中起到重要的作用。然而，本研究的调查结果显示(附录 A，问题 7)，60% 的企业没有进行过项目后评审。造成这种状况的原因是多方面的。一方面，大多数组织不可能进行历时数月、耗费大量人力的、正式的项目后评审；另一方面，组织可能不愿在已经结束的项目上再花费时间和人力，特别是以前进行过项目后评审，但没有取得预想的收益，组织就更没有动力对现在完成的项目进行评审了。Busby(1999)则对更深层次的原因进行了挖掘，他认为在项目这样的动态复杂系统中，问题往往不是由一个或几个独立的原因造成的，而是众多相互依赖的因素综合作用的结果，项目后评审往往只是指出问题的存在，却很少去寻求问题产生的根本原因，因而也很难从根本上提高项目的绩效。所以，项目后评审未能取得广泛成功的根本原因在于项目本身是一个动态的复杂系统，而现有的项目后评审工具未能有效地帮助管理者理解项目过程的动态复杂性和影响项目绩效的各种因素的作用。

随着项目规模越来越大，技术也越来越复杂，对项目经理和项目团体的能力提出了挑战，单凭项目经理和项目团队的能力已经不能应对大型复杂性的项目，这就需要企业管理层的支持。企业整体技术实力、管理经验的形成和积累是长期经营过程和无数项目实践总结的结果，在企业的经营管理层拥有一批智力密集的技术人才和管理人才(林知炎 1998)。同时，企业层次也需要从项目中获取新的知识，以补充、提高公司层次的技术和管理水平，项目之间也需要交流和沟通，以实现互补和共同提高。所以企业应建立起有效的学习机制，汇集项目知识，利用信息技术，建立组织知识仓库，以达到知识收集、共享和实时共享的目的。

将多个项目集群管理有利于组织学习和知识的管理，而 PMO 的一项重要的职能就是归集项目的经验和知识，推动组织的学习进展。事实上，自从彼得·圣吉创造性地提出“学习型组织”以来，这一名词在学术界和企业界迅速地流行开来，许多学者和企业管理者都认为“学习型组织”为组织变革、提高效率提供了新的途径。但正如Garvin(1993)所论述的那样,实际上真正的“学习型组织”还并不存在,“学习型组织”应该是有能力创造、获取和传输知识,并能根据新知识来调整自身行为的组织。Garvin(1993)认为建立学习型组织要有以下条件作为基础:采取科学的方法论、以数据为基础、对自身的成功和失败进行综合系统的评判、总结记录取得的经验教训并使之能被方便的查询参考。建筑业企业在这方面还有很大的差距,下面首先讨论项目群管理实施的学习循环,然后探讨通过设立PMO,基于项目群管理信息系统,如何推动建筑业企业的组织学习和知识管理。

项目管理是一个基于绩效的范例,其嵌入一个“减少不确定性”(Uncertainty-reduction)的过程中(Winch et al 1998)。多数学者认为项目在开始时有很高不确定性,项目实施过程就是在质量、时间和成本的约束下,通过工作结构分解(WBS)、风险分析和计划等手段,着重减少这些不确定性。Thiry(2004)认为,项目群管理还应包括一个学习循环,以减少模糊性(Ambiguity-reduction)。所谓不确定性是指需要的数据和已经获取的数据之间的差距,这是一种“信息缺失”。模糊性则不同,意思是已有的多个相互矛盾的解释,难以选择,它是同疑惑和缺乏了解相联系的。不确定性引导目标信息的获取和特定问题的回答;模糊性引导的则是凭感性决策、观点交流和对形势的把握。通常,组织、计划和成本管理是减少不确定性的工具,而利益、项目干系人和沟通是“软的”,是与减少模糊性相联系的。

与项目管理相比,项目群管理是一个复杂的、模糊(Ambiguity)的过程。这个过程也是项目群实施周期的学习循环,如图4-9所示。

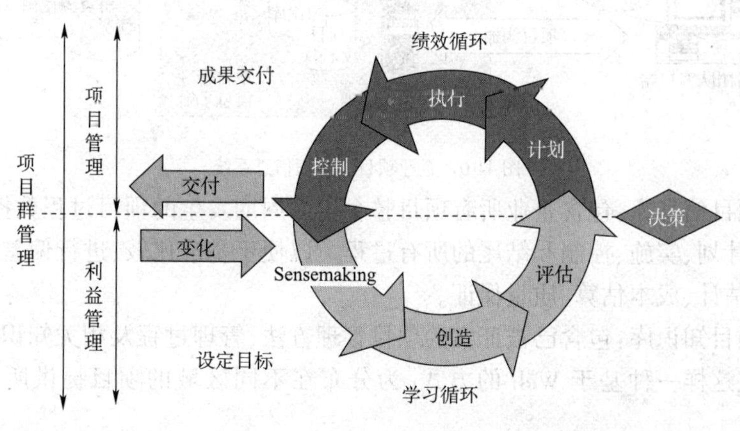

图4-9 项目群管理学习循环(After Thiry 2002)

在项目群管理学习循环过程中,需要创建一种开放、共享的组织文化,以有利于组织成员的沟通和经验交流。但是,由于建设项目地域的分布性,除了为员工创造面对面(Face-to-Face)交流的机会,还应借助于管理信息系统。

开发与维护项目群管理信息系统是企业项目群管理办公室的一个重要职责。在企业范围内建立项目群管理共享数据库,设立项目管理服务和项目信息门户(Project Information Portal,PIP)。在软件方面,目前微软的 EPM Solution 可以满足大部分功能,如在线管理项目计划、任务分配和任务跟踪等。另外,Microsoft Windows Share Point Services 和 Microsoft Outlook 相结合,能够帮助项目团队成员之间,职能部门和项目之间的交流、沟通、协作和管理各种文档,共享资源。

企业的 PMO 共享数据库包括三类数据和文档:项目信息库、项目知识库和项目文档库,如图 4-10 所示。

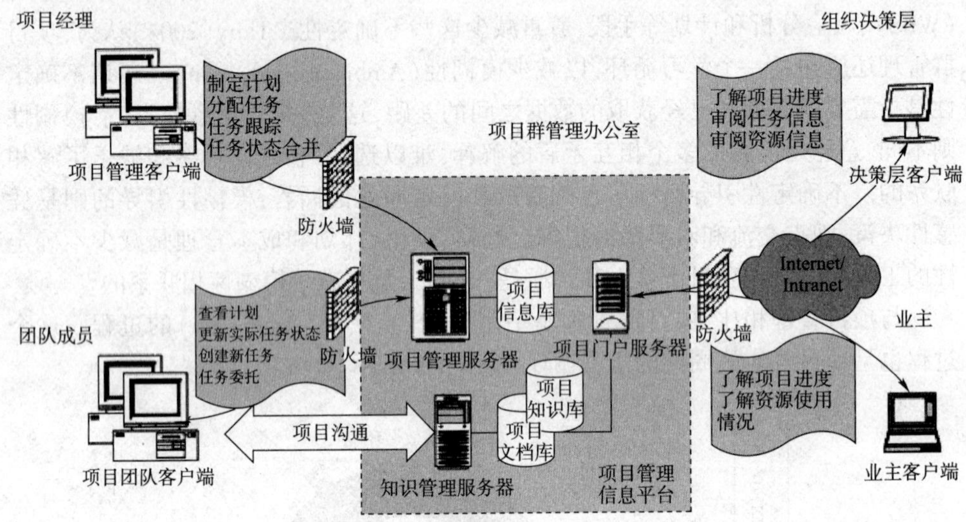

图 4-10　企业项目群管理信息系统

①项目信息库:包含企业所有项目整个生命周期发生的项目过程数据,涵盖项目启动、计划、实施、控制和结尾的所有过程。以便于基准比较、进行偏差分析及预测、工期估计、成本估算、质量保证。

②项目知识库:包含已被证实的项目管理方法、管理过程及相关知识。项目知识库提供这样一种基于 Web 的方式,为分布在不同区域的项目提供所有信息和资料。

③项目文档库:这类文档库存储着与特定项目有关的过程文档,并按照各种项目性质进行分类管理,以便业主或组织决策层通过项目文档的提交、查询,了解项目的进展情况。

4.5 本章小结

本章主要设计了建筑业企业项目群管理的组织架构，首先论述建筑业企业组织方式现状以及形成过程，在此基础上设计了适用于项目群管理的组织架构。接着论述项目群管理的运行机制，重点从企业项目群管理办公室运作、项目群中多个项目之间的沟通与协调两个方面进行阐述。最后讨论了项目群管理的组织和知识管理，以及为此而建立的项目群管理信息系统。

第5章 项目选择

由于建设项目的造价一般较高,项目实施的风险较大,因此,项目的选择对于建筑业企业来说是一件困难的事情。而当前的情况是,由于整个建筑业竞争激烈,有些企业不加选择地承揽项目,而一个项目的失败影响整个公司的收益甚至导致企业破产的先例也并非鲜见。其实,对于任何项目型组织来说,项目选择都是一项重要和艰难的工作。由于资源的稀缺和组织管理能力的限制,在面对众多超过自身能力的可选项目时,如何选择那些能为组织带来最大收益的项目是决策者必须解决的问题。

5.1 项目选择的指标与工具

作为项目群管理实施的一项重要活动,项目的选择始终贯穿于项目群的实施过程中,因为一个项目群所包含的项目数量是不固定的,随时有新项目的加入,也有旧项目的结束,因此,与现有项目群的匹配性也应成为组织选择项目时要考虑的因素。

在项目选择时要考虑的因素主要包括:

①财务因素和非财务因素。

②定量和定性的因素。

③备选项目的不确定性,以及由于难以确定每个目标的相对权重而引起的不确定性。

在很多情况下,由于可获取信息的模糊性,在众多选项中做出取舍变得非常复杂。在项目选择的过程中同样存在这样的复杂性问题,这在项目群管理中是一个非常重要的问题。在项日选择过程中,有几个关键的因素是非常重要的,包括市场条件、可用资源、技术可行性、政府规章、项目干系人不同的利益等。

在进行项目选择决策分析时,经常涉及到多个不同的目标,所以评估每个指标的重要程度和比较指标之间的权重是必需的。由于很多决策问题是不明确的,决策者必须在多个相互冲突的目标中寻求最优的解决方案。有些情况下,由于缺乏对这些指标之间关系的了解,甚至难以获取每个项目所对应指标的数值。

为了了解建筑业企业项目选择的指标,本研究对 NTH 公司的管理层进行了调查,调查问卷中设计了8项指标,要求访问对象选择其中的4项(附录A,问题11),共收到有效答卷57份,结果如图5-1所示。

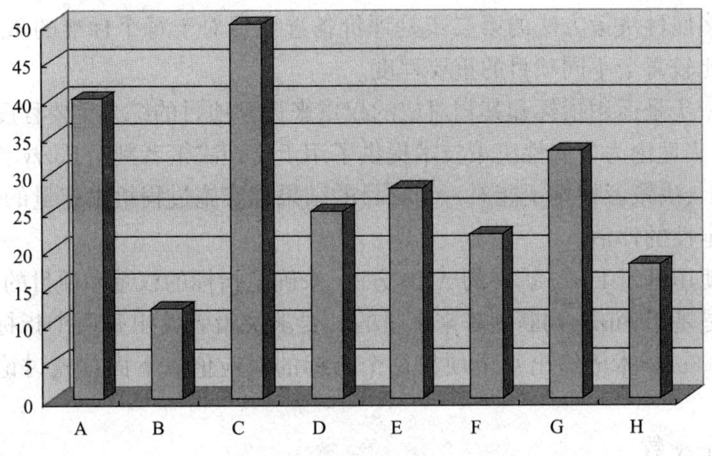

图5-1 项目选择指标调查结果

A-项目所在地环境、政策的影响;B-业主的信誉;C-项目预期赢利;D-项目技术要求;E-项目风险;F-与公司现有项目资源共享;G-项目的持续时间;H-社会影响

调查显示,财务指标是企业选择项目时要考虑的主要因素。但不能用传统的财务方法来评估那些不能用金钱来衡量的收益或代价,如企业形象、社会影响等。因此各种"非传统"的项目选择决策支持技术应运而生。这些技术可以分成两大类:

①旨在给那些无形的收益一个经济上的评价。

②基于多属性决策方法(Multi-Attribute Decision Making,MADM),这种方法考虑了不确定性的影响。

第二类方法包括使用数学模型和仿真。总的来说,这些方法是可行的,但为了得到有意义的结果,这些方法都需要准确的数据。但有些情况下只能得到近似或定性的评估,与这类方法的要求是相互矛盾的。因此,本书应用的方法是在多属性决策方法(主要是层次分析法AHP)的基础上,将Fuzzy理论(Fuzzy Theory)和方法引入到项目选择决策中,并考虑了约束条件,下面讨论有约束下的Fuzzy AHP项目选择方法。

5.2 多属性决策方法和Fuzzy集理论

多属性决策方法(MADM)是用有限个指标相比较来评价项目的方法。用多属性决策方法评估项目的第一步是确定选择的指标和评价指标的权重。这些指标应

该是独立和不重复的，每个指标可以进一步分解为下一层次的子指标，以此来建立层次关系。

典型多属性决策方法的第二步是评价备选项目对于每个标准的重要程度，由相关指标比较每个不同项目的重要程度。

最后一步是运用指标和其相对应的权重来计算项目的综合重要程度。

Fuzzy 集理论为多属性决策技术提供了用于管理决策者判断 Fuzzy 性的有力工具。事实上，决策者根本不能对一个项目的结果和实施过程给出定量的评价，而仅仅是一种定性的评估。

本书使用基于 Fuzzy 扩展的 AHP 方法，来确定指标的权重和项目的重要程度，这种扩展是基于 Fuzzy 判断矩阵来衡量的。要求决策者给出每两个指标的重要程度，并按照 Fuzzy 术语给出每个项目每个指标的对应值。下面首先讨论几个重要的概念。

(1) Fuzzy 数

Fuzzy 数是定义在实数集的标准 Fuzzy 集。为用 Fuzzy 集表示 AHP 中方案间的比较判断，本书采用荷兰学者 Laarhoven 和 Pedrycz 提出的用三角 Fuzzy 数表示 Fuzzy 比较判断的方法，三角 Fuzzy 数表示为 (l,m,u)，$\mu_A: R \rightarrow [0,1]$，其算式为：

$$\mu_A(x) = \begin{cases} \dfrac{x-l}{m-l} & x \in [l,m] \\ \dfrac{u-x}{u-m} & \in [m,u] \\ 0 & \text{其他} \end{cases} \tag{5-1}$$

式中，$l \leqslant m \leqslant u$，$l$ 和 u 表示 A 的上界和下界值，m 为 A 的隶属度最大时的中值。利用三角 Fuzzy 数的有关运算法则可对三角 Fuzzy 数进行各种运算。

(2) 带约束条件的 Fuzzy 算法

自从 Zadeh 教授提出了 Fuzzy 集概念以后，Fuzzy 区间和相关的 Fuzzy 算法就在很多应用领域得到广泛应用，但直接应用会带来很多问题。这主要是由于从实数算法到 Fuzzy 区间的不确定性造成的。当进行实数运算时，得到的是一个独立于这些的数据的结果，而这在模糊算法中是不适用的。模糊算法是在实数区间内基于 α – 截取或其扩展。为了避免这类问题的出现，Klir 提出了“有约束条件的模糊算法”。

应用 α – 截取，四个基本的算术运算符号应用于两个模糊数 A 和 B，A 和 B 是在 $\alpha \in (0,1]$ 截取的，表示为：

$${}^{\alpha}(A * B) = \{a * b \mid \langle a,b \rangle \in ({}^{\alpha}A \times {}^{\alpha}B)\} \tag{5-2}$$

式中，$*$ 表示任意基本算术运算符，$\times$ 表示笛卡儿乘法。

如果应用扩展运算原则，这四个基本运算符号应用于两个模糊数 A 和 B，$c \in R$，见式(5-3)：

$$(A * B)(c) = \sup_{\forall a,b|c=a*b} \min\{A(a),B(b)\} \tag{5-3}$$

令 R 为一种约束关系，那么，上述两个公式就相应表示为：

$$^{a}(A * B)_R = \{a * b | \langle a,b \rangle \in (^{\alpha}A \times {}^{\alpha}B) \cap {}^{\alpha}R\} \tag{5-4}$$

$$(A * B)_R(c) = \sup_{\forall a,b|c=a*b} \min\{A(\alpha),B(b),R(a,b)\} \tag{5-5}$$

例如，如果考虑两个三角模糊数 $A=[A_l,A_m,A_u]$ 和 $B=[B_l,B_m,B_u]$ 和模糊算法表达式 $A/(A+B)$，在这个模糊数运算中，很显然受到一个约束的影响。在模糊数 A 和 B 中加这个约束，可用下式表示(E 表示等式约束)：

$$^{\alpha}\left[\frac{A}{A+B}\right]_E = \left\{\frac{a}{a+b} \middle| \langle a,b \rangle \in (^{\alpha}A \times {}^{\alpha}B)\right\} \tag{5-6}$$

即：

$$^{\alpha}\left[\frac{A}{A+B}\right] = {}^{\alpha}\left[\frac{A_l}{A_l+B_u};\frac{A_u}{A_u+B_l}\right] \tag{5-7}$$

如果两个三角模糊数 $A=[1,2,3]$，$B=[2,3,4]$，在没有考虑约束等式约束时，α－截取($\alpha=0$)时，$A/(A+B)$ 等于 $C=[1/(3+4),2/(2+3),3/(1+2)]=[1/7,2/5,1]$。如果考虑上述约束，这个值等于 $C=[1/(1+4),2/(2+3),3/(3+2)]=[1/5,2/5,3/5]$。由此，可以得到一个更小的区间，如图 5-2 所示，这个区间不包括不可能的数值。

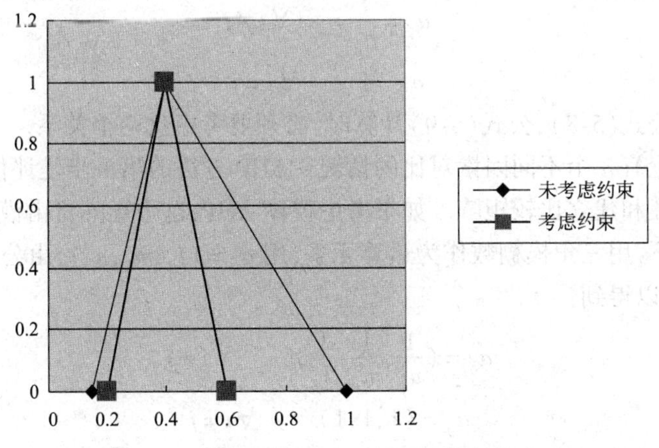

图 5-2　考虑约束得到一个较小的区间(算例)

(3)综合数值评价

Chang(1996)提出了应用扩展分析来计算综合度数值。扩展分析的目的比较多个目标进行决策。根据 Chang 的方法,应用标准模糊算法来定义模糊综合扩展值,如下:

$$S_i^k = \sum_{j=1}^{n} M_{ij}^k \times [\sum_{i=1}^{n}\sum_{j=1}^{n} M_{ih}^k]^{-1} \tag{5-8}$$

式中,$\sum$和$\times$表示标准模糊运算符,M_{ij}^k是一个用三角模糊数表示项目 i 和项目 j 相对于目标 k 的重要性比率,S_i^k 表示相对于 k 目标,项目 i 的重要性,即模糊 AHP 影响分值。

本书建议用另外一种方法来计算模糊 AHP 影响分值,这种方法源自乘法的 AHP 扩展。可以通过下面的公式来计算,公式中利用对比矩阵第 i 行的几何意义来计算模糊 AHP 影响分值:

$$S_i^k = \frac{(\prod_{j=1}^{n} M_{ij}^k)^{\frac{1}{n}}}{\sum_{i=1}^{n}(\prod_{j=1}^{n} M_{ij}^k)^{\frac{1}{n}}} \tag{5-9}$$

式中,符号$\sum$、$\prod$和/都是标准的模糊运算符。

5.3 有约束的 Fuzzy AHP 项目选择方法

利用上述两种方法计算出的结果相似,但都必须考虑 AHP 带来的约束。事实上,为了得到相对矩阵 $A=[a_{ij}]$对称,必须符合:

$$a_{ij} = \frac{1}{a_{ji}} \qquad \forall i \neq j \tag{5-10}$$

$$a_{ij} = 1 \qquad \forall i = j \tag{5-11}$$

在利用公式(5-8),公式(5-9)计算时,必须要考虑这两个关系。

下面讨论有 n 个不同因素对比的情况。AHP 方法的第一步是评估每一对因素的相对重要性和建立比较矩阵。如果考虑模糊 AHP,这个矩阵将由模糊数来构成,在这种情况下,用三角模糊数作为运算元素,用 $a_{ij}=(l_{ij},m_{ij},u_{ij})$,由公式(5-10),公式(5-11),可以得到:

$$a_{ij} = (\frac{1}{u_{ij}},\frac{1}{m_{ij}},\frac{1}{l_{ij}}) \qquad \forall i \neq j \tag{5-12}$$

$$a_{ij} = (1,1,1) \qquad \forall i = j \tag{5-13}$$

矩阵建立以后,就要评估模糊综合扩展(即模糊 AHP 影响分值),这是对项目权重的评价。

令 $S_i=(S_{lj},S_{mi},S_{ui})$ 为模糊综合扩展，这里 l,m,u 分别表示低、中、高值，用 Chang(1996)提出的方法评估 S_{mi}，如下：

$$S_{mi}=\sum_{j=1}^{n}m_{ij}\times[\sum_{i=1}^{n}\sum_{j=1}^{n}m_{ij}]^{-1} \tag{5-14}$$

但是评估 S_{li}时必须建立适当的基于模糊比较的 B 阵，$B_i=[b_{kj}]$，它必须遵守以下约束：

$$b_{ij}=1 \tag{5-15}$$

$$b_{jk}=\frac{1}{b_{kj}} \tag{5-16}$$

$$b_{ij}=l_{ij}\qquad \forall j\neq i \tag{5-17}$$

$$b_{kj}=\left\{x\mid y=\max\left(x+\frac{1}{x}\right)\quad \forall x=[l_{kj},u_{kj}]\right\}\qquad \forall k\neq i;j\neq i;j>k \tag{5-18}$$

B_i 建立以后，可以用来建立 S_{li}。

$$S_{li}=\sum_{j=1}^{n}b_{ij}\times[\sum_{j=1}^{n}\sum_{k=1}^{n}b_{kj}]^{-1} \tag{5-19}$$

同理，建立 S_{ui}：

$$S_{ui}=\sum_{j=1}^{n}c_{ij}\times[\sum_{j=1}^{n}\sum_{k=1}^{n}c_{kj}]^{-1} \tag{5-20}$$

其中，$C_i=[c_{kj}]$必须符合下面的关系：

$$c_{jj}=1 \tag{5-21}$$

$$c_{ij}=\frac{1}{c_{ji}} \tag{5-22}$$

$$c_{ij}=u_{ij}\qquad \forall j\neq i \tag{5-23}$$

$$c_{kj}=\left\{x\mid y=\min\left(x+\frac{1}{x}\right)\quad \forall x=[l_{kj},u_{kj}]\right\}\qquad \forall k\neq i;j\neq i;j>k \tag{5-24}$$

这样就得到了评估模糊综合扩展(即模糊 AHP 影响分值)：

$$S_i=(S_{li},S_{mi},S_{ui})$$

下面考虑对比矩阵 $A=[a_{ij}]$里的元素。如果有 n 个不同的专家给一个评估值，令第 k 个专家给出的评估值为 e_{ijk}，$e_{ijk}=\frac{1}{e_{jik}}$，如果求平均值有：

$$a_{ij}=\frac{\sum_{k=1}^{n}e_{ijk}}{n}$$

$$a_{ji}=\frac{\sum_{k=1}^{n}\frac{1}{e_{ijk}}}{n}$$

容易证明，如果专家的意见不统一，$a_{ij} \neq \frac{1}{a_{ji}}$。

如果应用乘法，有：

$$a_{ij} = \left(\prod_{k=1}^{n} e_{ijk}\right)^{\frac{1}{n}}$$

$$a_{ji} = \left(\prod_{k=1}^{n} \frac{1}{e_{ijk}}\right)^{\frac{1}{n}}$$

就可以得到：$a_{ij} = \frac{1}{a_{ji}}$。

在建立矩阵时，需要收集很多有用的信息，事实上，为了填充对比矩阵的右上角，一个有 n 项指标的选择问题，决策者必须进行 $n(n-1)/2$ 个对比，但有时进行 $(n-1)$ 次试验就足够了，这时就要利用矩阵中可获得的元素值来计算矩阵中没有的值，在 AHP 方法矩阵中的每个元素代表两个指标的相对重要程度，如 $a_{ij} = w_i / w_j$。下面通过一个案例来验证这种方法。

5.4 项目选择的量化决策分析

NTH 公司曾同时面临三个备选项目，但由于公司当时资源所限（主要是人力资源），只能承接其中一个项目。即：

P_1 是一个厂房扩建项目，工程造价约 2 000 万元，工程本身技术也不复杂，只是业主信誉不好，公司与业主曾有过合作，但业主尚有部分工程款未支付。

P_2 是一个住宅小区，占地总面积 41 690 平方米。本次准备承接施工的是 6 号～10 号楼及地下车库，总建筑面积为 81 223.00 平方米。与该项目业主已有长期的的合作，公司在高层住宅施工方面经验成熟，且与当地政府、社区等部门有着良好的关系。

P_3 是一幢高档商住楼，位于上海浦东陆家嘴地区，工程造价在 4 亿元左右，开发方为一家香港地产公司，业主信誉较好。但工期紧张，项目实施过程中风险大。

在实行企业项目群管理的背景下，企业将会改变传统的项目选择的策略，有可能的做法是让公司高层主管（如生产副经理、总工程师、工程部经理等）对这三个项目进行打分，然后按照以下步骤进行。

5.4.1 指标的相对权重的确定

首先确定判断的指标，经研究决定主要以如下四个指标为判断标准：

①与公司现有项目资源共享(A_1)。

②项目财务收益(A_2)。

③项目的持续时间(A_3)。

④项目风险(A_4)。

这些成员的首要任务是确定每个指标的相对重要性关系,通过对指标的两两对比,得到矩阵 A,见表 5-1。

指标相对重要性对比矩阵 表 5-1

	A_1	A_2	A_3	A_4
A_1	(1,1,1)	(1/2,2/3,1) (3/5,2/3,3/4) (1/3,2/3,1)	(4/3,3/2,2) (1,3/2,2) (1/4,1/2,3/4)	(4/3,3/2,5/3) (3/2,7/4,2) (1/2,1,3/2)
A_2	(1,3/2,2) (4/3,3/2,5/3) (1,3/2,3)	(1,1,1)	(7/5,7/4,2) (5/4,7/4,3) (1/3,2/3,1)	(4/3,2,3) (4/3,2,4) (3/2,7/4,2)
A_3	(1/2,2/3,3/4) (1/2,2/3,1) (4/3,2,4)	(1/2,4/7,5/7) (1/3,4/7,4/5) (1,3/2,3)	(1,1,1)	(1,5/4,5/3) (1,5/4,5/3) (3/2,7/4,2)
A_4	(3/5,2/3,3/4) (1/2,4/7,2/3) (2/3,1,2)	(1/3,1/2,3/4) (1/4,1/2,3/4) (1/2,4/7,2/3)	(3/5,4/5,1) (3/5,4/5,1) (1/2,4/7,2/3)	(1,1,1)

应用几何意义我们把对比矩阵 A 里的所有元素换成单模糊数,这些模糊数代表每个成员对每个指标的意见,这个结果见表 5-2。

指标相对重要性对比矩阵(专家组的意见综合) 表 5-2

	A_1	A_2	A_3	A_4
A_1	(1,1,1)	(0.464,0.667,0.909)	(0.693,1.040,1.442)	(1.000,1.379,1.710)
A_2	(1.101,1.500,2.154)	(1,1,1)	(0.836,1.269,1.817)	(1.211,1.817,2.884)
A_3	(0.693,0.961,1.442)	(0.550,0.788,1.197)	(1,1,1)	(1.145,1.398,1.771)
A_4	(0.585,0.725,1.000)	(0.347,0.550,0.825)	(0.565,0.715,0.874)	(1,1,1)

应用公式(5-8)介绍的方法和上述指标之间的关系,可用构建矩阵 $B_i=[b_{ij}]$,用来计算 S_{li}的值,见表 5-3。同时可用构建矩阵 $C_i=[c_{ij}]$,用来计算 S_{ui}的值,见表 5-4。

矩阵 $B_1 - B_4$　　表 5-3

B_1	A_1	A_2	A_3	A_4
A_1	1	0.464	0.693	1
A_2	2.154	1	1.817	2.884
A_3	1.442	0.55	1	1.771
A_4	0.585	0.347	0.565	1
B_2	A_1	A_2	A_3	A_4
A_1	1	0.464	0.442	1.71
A_2	1.101	1	0.836	1.211
A_3	1.442	0.55	1	1.771
A_4	0.585	0.347	0.565	1
B_3	A_1	A_2	A_3	A_4
A_1	1	0.464	1.442	1.71
A_2	2.154	1	1.817	2.884
A_3	0.693	0.55	1	1.145
A_4	0.585	0.347	0.565	1
B_4	A_1	A_2	A_3	A_4
A_1	1	0.464	1.442	1.71
A_2	2.154	1	1.817	2.884
A_3	1.442	0.55	1	1.771
A_4	0.585	0.347	0.565	1

矩阵 $C_1 - C_4$　　表 5-4

C_1	A_1	A_2	A_3	A_4
A_1	1	0.909	1.442	1.71
A_2	1.101	1	0.836	1.211
A_3	0.693	1.197	1	1.145
A_4	1	0.825	0.874	1
C_2	A_1	A_2	A_3	A_4
A_1	1	0.909	0.693	1
A_2	2.154	1	1.817	2.884
A_3	0.693	1.197	1	1.145
A_4	1	0.825	0.874	1

续上表

C_3	A_1	A_2	A_3	A_4
A_1	1	0.909	0.693	1
A_2	1.101	1	0.836	1.211
A_3	1.442	1.197	1	1.771
A_4	1	0.825	0.874	1
C_4	A_1	A_2	A_3	A_4
A_1	1	0.909	0.693	1
A_2	1.101	1	0.836	1.211
A_3	0.693	1.197	1	1.145
A_4	1	0.825	0.874	1

应用公式(5-14)~公式(5-20),我们可以计算模糊综合扩展值 $S_i=(S_{li},S_{mi},S_{ui})$:

$S_1=(0.173,0.243,0.299)$

$S_2=(0.276,0.332,0.409)$

$S_3=(0.185,0.247,0.321)$

$S_4=(0.127,0.178,0.239)$

这些模糊数值的几何意义如图 5-3 所示。

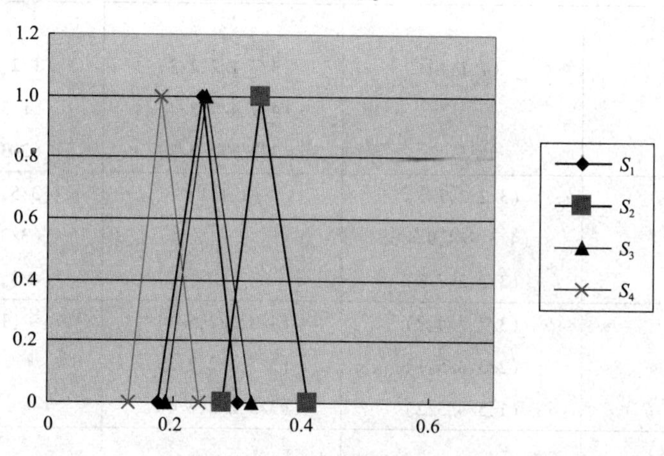

图 5-3　四个指标的模糊综合扩展值

5.4.2　项目优先等级的确定

这些指标权重的模糊评估获得后,成员就要根据每个独立的指标来比较这三个项目(P_1、P_2、P_3),结果见表5-5。

用单数模糊值来代替矩阵里的数值,这些单数模糊值是评判委员会对每个项目的每种指标的评估。应用上面提到的方法,可以计算出专家没有提供的对比值,运算结果见表5-6。

这些矩阵用来评估模糊权重见表5-7~表5-14,尤其是比较每个项目在每项指标中的模糊权重,这些评估结果汇集见表5-15。

项目在每个指标下的对比　　表5-5

	P_1	P_2	P_3
S_1(指标A_1)			
P_1	(1,1,1)	(1/2,2/3,1) (3/5,4/5,1) (3/7,1/2,2/3)	(3/7,1/2,2/3) (3/7,1/2,3/5) (4/7,2/3,1)
P_2	(1,3/2,2) (1,5/4,5/3) (3/2,2,7/3)	(1,1,1)	(3/7,4/5,1) (1/2,4/7,5/7) (1,5/4,3/2)
P_3	(3/2,2,7/3) (5/3,2,7/3) (1,3/2,7/4)	(1,5/4,5/3) (5/3,7/4,2) (2/3,4/5,1)	(1,1,1)
S_2(指标A_2)			
P_1	(1,1,1)	(3/7,1/2,2/3) (4/9,4/7,3/4) (3/7,1/2,2/3)	(1/2,4/7,2/3) (1,5/4,3/2) (2/3,4/5,1)
P_2	(3/2,2,7/3) (4/3,7/4,9/4) (3/2,2,7/3)	(1,1,1)	(3/5,2/3,3/4) (3/2,2,7/3) (4/3,3/2,5/3)
P_3	(3/2,7/4,2) (2/3,4/5,1) (1,5/4,3/2)	(4/3,3/2,5/3) (3/7,1/2,2/3) (3/5,2/3,3/4)	(1,1,1)
S_3(指标A_3)			
P_1	(1,1,1)	(2/5,1/2,3/5) (3/7,4/7,2/3) (2/5,1/2,2/3)	(3/5,2/3,1) (2/3,1,3/2) (2/3,4/5,1)

续上表

	P_1	P_2	P_3
P_2	(5/3,2,5/2) (3/2,7/4,7/3) (3/2,2,5/2)	(1,1,1)	(3/2,7/4,2) (3/2,7/4,2) (1,3/2,5/2)
P_3	(1,3/2,5/3) (2/3,1,3/2) (1,5/4,3/2)	(1/2,4/7,2/3) (1/2,4/7,2/3) (2/5,2/3,1)	(1,1,1)
S_4(指标 A_4) P_1	(1,1,1)	(2/7,1/2,1) (2/5,4/7,3/4) (3/7,4/7,2/3)	(2/5,4/5,1) (2/3,1,4/3) (1,5/4,3/2)
P_2	(1,2,7/2) (4/3,7/4,5/2) (3/2,7/4,7/3)	(1,1,1)	(3/2,7/4,7/2) (7/6,7/4,2) (1,2,3)
P_3	(1,5/4,5/2) (3/4,1,3/2) (2/3,4/5,1)	(2/7,4/7,2/3) (1/2,4/7,6/7) (1/3,1/2,1)	(1,1,1)

每种指标下项目相对重要性对比矩阵(专家组的意见综合) 表5-6

	P_1	P_2	P_3
指标1			
P_1	(1,1,1)	(0.505,0.644,0.874)	(0.472,0.550,0.737)
P_2	(1.145,1.554,1.981)	(1,1,1)	(0.669,0.830,1.023)
P_3	(1.357,1.817,2.120)	(1.036,1.205,1.494)	(1,1,1)
指标2			
P_1	(1,1,1)	(0.434,0.523,0.693)	(0.693,0.830,1.000)
P_2	1.442,1.913,2.305)	(1,1,1)	(1.063,1.260,1.429)
P_3	(1.000,1.205,1.442)	(0.700,0.794,0.941)	(1,1,1)
指标3			
P_1	(1,1,1)	(0.409,0.523,0.644)	(0.644,0.811,1.145)
P_2	(1.554,1.913,2.443)	(1,1,1)	(1.310,1.662,2.154)
P_3	(0.874,1.233,1.554)	(0.464,0.602,0.763)	(1,1,1)

续上表

	P_1	P_2	P_3
指标4			
P_1	(1,1,1)	(0.400,0.500,0.667)	(0.667,0.800,1.000)
P_2	(1.500,2.000,2.500)	(1,1,1)	(1.000,1.500,2.500)
P_3	(1.000,1.250,1.500)	(0.400,0.667,1.000)	(1,1,1)

各项目对评价指标 A_1 模糊 AHP 的 B 阵：B_1-B_3 表5-7

B_1	P_1	P_2	P_3
P_1	1.000	0.505	0.472
P_2	1.981	1.000	0.669
P_3	2.120	1.494	1.000
B_2	P_1	P_2	P_3
P_1	1.000	0.874	0.737
P_2	1.145	1.000	0.669
P_3	2.120	1.494	1.000
B_3	P_1	P_2	P_3
P_1	1.000	0.874	0.737
P_2	1.981	1.000	0.669
P_3	1.357	1.036	1.000

各项目对评价指标 A_1 模糊 AHP 的 C 阵：C_1-C_3 表5-8

C_1	P_1	P_2	P_3
P_1	1.000	0.874	0.737
P_2	1.145	1.000	1.023
P_3	1.357	1.036	1.000
C_2	P_1	P_2	P_3
P_1	1.000	0.874	0.737
P_2	1.981	1.000	1.023
P_3	1.357	1.036	1.000
C_3	P_1	P_2	P_3
P_1	1.000	0.874	0.737
P_2	1.145	1.000	1.023
P_3	2.120	1.494	1.000

各项目对评价指标 A_2 模糊 AHP 的 B 阵:B_1-B_3　　表 5-9

B_1	P_1	P_2	P_3
$P1$	1.000	0.434	0.693
$P2$	2.305	1.000	1.429
$P3$	1.442	0.700	1.000
B_2	P_1	P_2	P_3
P_1	1.000	0.434	0.693
P_2	1.442	1.000	1.063
P_3	1.442	0.700	1.000
B_3	P_1	P_2	P_3
P_1	1.000	0.434	0.693
P_2	2.305	1.000	1.429
P_3	1.000	0.700	1.000

各项目对评价指标 A_2 模糊 AHP 的 C 阵:C_1-C_3　　表 5-10

C_1	P_1	P_2	P_3
P_1	1.000	0.693	1.000
P_2	1.442	1.000	1.063
P_3	1.000	0.941	1.000
C_2	P_1	P_2	P_3
P_1	1.000	0.693	1.000
P_2	2.305	1.000	1.429
P_3	1.000	0.941	1.000
C_3	P_1	P_2	P_3
P_1	1.000	0.693	1.000
P_2	1.442	1.000	1.063
P_3	1.442	0.941	1.000

各项目对评价指标 A_3 模糊 AHP 的 B 阵:B_1-B_3　　表 5-11

B_1	P_1	P_2	P_3
P_1	1.000	0.409	0.644
P_2	2.443	1.000	2.154
P_3	1.554	0.464	1.000

续上表

B_2	P_1	P_2	P_3
P_1	1.000	0.409	0.644
P_2	1.554	1.000	1.310
P_3	1.554	0.464	1.000
B_3	P_1	P_2	P_3
P_1	1.000	0.409	0.644
P_2	2.443	1.000	2.154
P_3	0.874	0.464	1.000

各项目对评价指标 A_3 模糊 AHP 的 C 阵:C_1-C_3 表 5-12

C_1	P_1	P_2	P_3
P_1	1.000	0.644	1.145
P_2	1.554	1.000	1.310
P_3	0.874	0.763	1.000
C_2	P_1	P_2	P_3
P_1	1.000	0.644	1.145
P_2	2.443	1.000	2.154
P_3	0.874	0.763	1.000
C_3	P_1	P_2	P_3
P_1	1.000	0.644	1.145
P_2	1.554	1.000	1.310
P_3	1.554	0.763	1.000

各项目对评价指标 A_4 模糊 AHP 的 B 阵:B_1-B_3 表 5-13

B_1	P_1	P_2	P_3
P_1	1.000	0.400	0.667
P_2	2.500	1.000	2.500
P_3	1.500	0.400	1.000
B_2	P_1	P_2	P_3
P_1	1.000	0.400	0.667
P_2	1.500	1.000	1.000
P_3	1.500	0.400	1.000

续上表

B_3	P_1	P_2	P_3
P_1	1.000	0.400	0.667
P_2	2.500	1.000	2.500
P_3	1.000	0.400	1.000

各项目对评价指标 A_4 模糊 AHP 的 C 阵:C_1-C_3 表 5-14

C_1	P_1	P_2	P_3
P_1	1.000	0.667	1.500
P_2	1.500	1.000	1.000
P_3	1.000	1.000	1.000
C_2	P_1	P_2	P_3
P1	1.000	0.667	1.000
P_2	2.500	1.000	2.500
P_3	1.000	1.000	1.000
C_3	P_1	P_2	P_3
P_1	1.000	0.667	1.000
P_2	1.500	1.000	1.000
P_3	1.500	1.000	1.000

每个项目对每项指标的模糊权重评估 表 5-15

	P_1	P_2	P_3
指标 1	(0.193,0.2285,0.2847)	(0.2803,0.3525,0.4001)	(0.3515,0.419,0.444)
指标 2	(0.213,0.247,0.295)	(0.399,0.438,0.457)	(0.282,0.315,0.353)
指标 3	(0.192,0.24,0.3)	(0.432,0.47,0.508)	(0.234,0.291,0.333)
指标 4	(0.188,0.237,0.328)	(0.413,0.463,0.514)	(0.229,0.3,0.362)

最后,用每个指标的权重乘以每个项目的模糊权重,最终计算出每个项目的分值,结果见表 5-16。其几何意义如图 5-4 所示。

项目的最后得分 表 5-16

	P_1	P_2	P_3
最后结果	(0.1516,0.239,0.3805)	(0.291,0.4296,0.5925)	(0.211,0.3317,0.4705)

从最后结果中可以看出,项目的优先等级为 P_2,P_3,P_1。

通过本案例可以看出,应用有约束的 Fuzzy AHP 算法,可以确定项目的优先等级,与传统 AHP 相比,其最大优点是专家给出的是一个模糊区间,而不是一个确定的定量值,这更真实地反映了专家的意见,并且专家打分的过程也更加容易。另外,由于模糊区间的引入,个别专家的意见对最终结果的影响不敏感,而更多地依赖整体的评价。而约束的引入,缩小了模糊区间,提高了结果的可靠性。

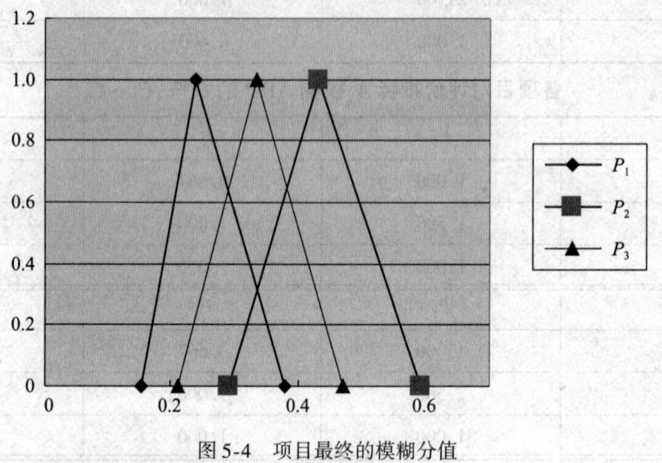

图 5-4　项目最终的模糊分值

5.5　本章小结

本章首先讨论了建筑业企业在项目选择时要考虑的因素以及适用的方法和工具。本书选用一种基于有约束的 Fuzzy AHP 项目选择方法,将定性的描述转化为定量的分析结果,确定项目的选择顺序。事实上,这种方法也可以用于项目群内项目的优先等级确定。最后,通过一个案例对这种项目选择方法的具体应用过程进行了详细的描述。

第6章 多项目进度计划和资源动态配置

在项目群中多个项目资源的有效配置是项目群管理的核心问题,也是项目群管理协同效应产生的主要原因。传统项目资源管理重点关注的是单个项目实施过程中资源消耗总量或者项目占用资源的时间的最小化,项目经理希望闲置的资源尽快离开自己的项目;而项目群管理经理试图通过将所拥有的资源在多个项目之间进行合理配置,以使资源的闲置降低到最小。

下面首先讨论传统工程项目管理的进度控制和资源优化配置方法,重点关注使用传统项目管理技术解决多项目进度—资源配置方面的研究。进而提出基于系统思考的多项目动态管理概念模型。

6.1 传统工程项目管理进度—资源优化配置

6.1.1 项目控制和跟踪

对项目成功最好的解释可以归结为"结果好于预期",或者用成本、进度、质量、安全和参与者的满意度等来衡量。然而众所周知,由于项目环境的高度不确定性,除了计划和项目管理活动以外,还有很多因素影响项目的成败(Faniran et al. 1999)。一直以来,这种项目管理努力和项目成功的分离已被各类企业广泛认识。不难发现,许多非常负责任的项目经理,在项目实施过程中尽职尽责,但由于发生了超出他们控制范围之外的事件,得到的却是失败的结果。因此,项目管理技术发展到今天,关注的仅仅是在项目开始阶段提高成功的机会。当突发事件出现时,这些技术所能做的也仅仅是重新制定计划或重新预测未来。

当前项目管理实践对于本研究的重要性表现在两个方面:第一,所有的项目型企业视这些实践为参照系,为了寻求提高项目型企业绩效的管理模式,项目管理实践起到承前启后的作用。第二,因为"在项目生命周期和企业系统生命周期之间可以存在一个合理的分离",本研究提出的方法和理论并不是提倡对项目管理自身的计划、控制和监督做任何的改造。因此,项目管理仍是非常有用的管理方法,特别是项目控制和监督方法,项目整合和优化方法等。然而,这些管理活动没有从总体上考虑如何提高一个企业的绩效。

项目管理活动如计划、控制和跟踪等需要将工作的时间、成本和质量综合起来考虑(Barraza et al. 2000)。从五十年代初期以来,传统的项目计划工具如关键线路法(Critical Path Method,CPM)和计划评审技术(Program Evaluation and Review Technique,PERT)不仅用来制定计划,还用在对项目的控制和跟踪上。在传统的项目控制和跟踪过程中,设定的项目目标是固定的,这就意味着只有在原计划彻底失败,需要重新制定时,原有的目标才会被迫改变(Barraza et al. 2000)。

传统的项目控制流程通常描述为所谓的"自动调温器"(thermostat)模型,通过收集实际数据与预先设定的标准(计划)相比较,然后做出纠偏决策。事实上,这类调节的作用十分有限,因为这些预先设定的计划通常是最大工作能力的表达。除非在项目开始时预留时间和资源缓冲余地,否则流程很难恢复正常。此外,这些控制标准本身也是不稳定的,比如按照企业平均生产率水平制定标准,尽管许多企业都有类似的企业定额,但却不能反映不同时期的技术、材料或规章(如安全政策等)变化的影响,也不能保证这些定额在制定时采集数据的正确性(Ballard and Howell 1997)。

正因为如此,传统的项目控制和跟踪过程已不足以控制当前快速变化的、不确定的、复杂的项目,即使用在管理相对稳定的一些项目上也显得不足。重要的是,基于项目的建筑业一直被认为是"没有合适的生产控制理论"(Ballard and Howell 1997)。

项目的过程控制和跟踪一直是项目管理领域的一个难题。"自动调温器"式的动态控制过程大多是对进度、成本和质量的单独跟踪。而项目是一个系统,这些指标之间相互影响,所以对项目绩效的评价不能简单地基于那些单一的指标,而应当根据一些综合的指标,而这些指标是由项目目标确定的。当前有两种整合的方法用来跟踪项目业绩,Stevens(1983)提出的综合成本/进度/工作方法(ICSW,Integrated Cost/Schedule/Work)和美国能源部1979年提出的赢得值系统(EVS,Earned Value System)。尽管这两种方法在应对项目的可变性方面存在缺陷,但由于考虑了特定阶段完成工程量付出的成本和时间的相互作用,把他们用在单独一个项目上是合适的(Barraza et al. 2000)。

通常很难将传统项目管理的计划和控制技术用于项目群,因为这些技术过于详细和严格。项目群需要一个更加实用的方法,以识别其同项目在范围上的不同。另外,如果最初的控制和跟踪目标设置过高,企业就难以观察到单个项目之间的相互作用。因此,可以肯定地说,为了整个项目群的成功,在一些项目上做些妥协是必须的。

在有关讨论项目跟踪和控制的文献中,没有涉及到项目收益的评价,即项目对

组织的贡献。如像ICSW和EVS这些技术将关注的焦点集中于单个项目的成功，没有关注项目在组织战略实现中的角色和作用。在第一章中已说明，利益是项目启动和实施的根本原因。但仍未发现用来评估项目成果对参与者贡献的方法。仅参考的是，Pellegrinelli(1997)提到了这个问题，他认为“杠杆管理”对于这类跟踪和控制是一个有力的工具，而且“这个工具的潜能还远没有发挥出来”。但到底如何具体实施，Pellegrinelli也没有给出明确的意见。总之，这个过程需要由战略层面来完成。如何衡量项目对组织战略的贡献也是本研究关注的问题之一。

6.1.2 项目集成和优化

随着项目管理实践的发展，开发了无数用来集成和优化项目业绩的方法。当前应用最广泛的是，在项目实施过程中，动态实施项目进度—资源整合和工期—成本优化。如下的讨论非常重要，因为这将为本研究的项目集群、资源优化配置提供参照基准。

在传统项目管理中，项目计划的编制主要是构建一个工作网络图，并且计算这个网络的最长路径(如关键线路，CPM)。事实上，如果这些活动的持续时间是已知或可以确定的(肯定型)，可以利用关键线路法(CPM)计算出整个项目的工期。相反，如果每个活动的持续时间是不确定的(非肯定型)，通常使用计划评审技术(PERT)来计算整个项目的持续时间。然而，传统方法(如CPM，PERT)编制的进度表通常不能令人满意，现实中的实践者甚至很少使用。因为这些方法没有考虑资源分配和进度计划的机动性(Leachman et al. 1990)。其实，Fendley(1968 cited Stephen 2004)早已指出，CPM和PERT方法存在缺陷，主要是由于其基于以下假设：

①确定性的执行时间。由于项目活动的执行时间事实上是不确定的，单个活动的先后顺序也必须建立在一个动态的基础上。当两个或多个活动由于争夺同样资源而发生冲突时，就发生了资源分配的过程。最经常的结果是：一个活动获得了所需资源，而另外的活动只有按顺序等待。

②单个项目运作。尽管事实上项目进度计划问题通常源自有限的时间和多个项目共享的稀缺资源，但过去进行的研究将每个项目视作一个孤岛，与企业某一项目组合中的其他项目没有任何关联。

③不受约束的资源。CPM和PERT方法其实存在一个隐性的假设，就是有充足的资源用于分配在项目上。当然在有些情况下这种假设是正确的，但大多情况下，项目经理面临着资源受限的问题。

由于传统的进度计划方法存在上述缺陷，许多学者为了使进度计划有更大的用途,开始寻找整合组织资源和项目进度的方法。最初试图应用数学方法(如整数线性规划,动态规划,0－1目标规划等)解决确定性资源约束条件下进度计划问题,以期获得一个优化方案。然而,由于许多企业(如工程公司,研发企业等)在一定的时段内资源总量是有限的(如人力资源,短时间内不可能任意解聘或招聘到合适的人员)。研究者认识到,在一个项目上的资源配置最优化,并不能在总体上为企业带来价值最大化的结果(Dumond 1993)。企业经理们要有能力在不同层次上为系统提供资源,并且以一种动态的方式配置,才能实现资源价值利用最大化(Dumond 1993)。由于企业的目标经常根据市场条件变化而改变,因此需要新的方法平衡相互冲突的企业利益,如追求最短的项目工期,或者追求在一定时间内完成更多的工程量。因此,也引导了研究方向的变化,即朝向资源约束下启发式进度计划方法的方向发展(Tsai and Chiu 1996)。

当前已经提出很多启发式的进度计划方法以解决确定性资源约束下的进度问题。每种启发式模型都有其自身的思想体系,也都试图增加获得最佳解决方案的可能性(Leu et al. 1999)。Kurtulus 和 Narula(1982)提出了几种适用于多项目环境下的启发式模型,用来求解多项目延误时间总和的最小值。Kurtulus and Davis(1985)和 Kurtulus(1985)将这个结果延伸为求解多个项目延误时间的加权最小值。Daniels(1989 cited Stephen 2004)研究了连续项目的先后顺序,以通过资源分配来调整项目的持续时间,以最大程度降低项目延缓。关于项目跟踪,Tsubakitani 和 Deckro(1990)建立了一个多项目、资源约束环境下的进度计划模型。Ohmae 等人(1992)在上述结果的基础上,将 CPM 和 PERT 方法作为资源分配和多项目进度安排系统的一部分,开发了多项目进度计划控制要素和模型。另外一个分支是,Domond(1993)研究出四个"相对简单的项目计划启发式方法",以用来确定在多项目环境下,资源短缺时,优先执行哪些活动或项目。

建设工程项目管理研究最近已开始关注非确定性的进度安排问题,因为在建设项目的实施过程中,特别是在施工过程中存在很多不确定的变化。非确定性进度计划模型可以按照有无资源约束和采用的不确定性理论来分类(Leu et al. 1999)。通常,有关项目持续时间的不确定性是用概率论来描述的。然而,不确定性理论(如 Fuzzy 集理论)也已被用来模拟项目网络计划中与时间相关的不确定性。不确定性理论也应用在其他方面,如在多项目环境下,不断有新工作的加入,为了确定这些工作的完成时间,需要构建一个优先等级评定体系。

尽管在资源和进度综合方面应用了启发式方法,但对于多数项目型组织来说,真正的项目集成(如资源和进度的目标一致性集成)还没有实现。这主要是因为这样的事实,如果资源是充足的,任何通过增加更多资源的启发式进度计划对于缩短完成时间没有实际意义(Dumond 1993),只有在资源不足时,这些启发式的选择才有用,但在这种情况下,大多数的启发式方法都不能得到最优的结果(Dumond 1993)。正是由于这个原因,本研究不准备用传统的进度计划方法和启发式的进度计划方法实现资源和进度目标的整合。

对本研究来说,项目资源和进度整合中的一个比较重要的问题,就是重复性工作的进度安排问题。因为本研究试图将性质相似的项目归集成群,研究数据来自于大型项目群中相似的项目实施。重复性进度计划方法被认为是本研究的一个潜在解决方案。这些进度计划方法为提高项目绩效起了重要的作用,如在一些设计中使用标准图,这些重复的工作通过使用流水作业将大大提高工作效率。这是因为从一个项目到另一个项目之间没有工作停滞(时间间隙),资源在项目之间流动。通常,这需要确定活动开始的时间,并且确定整个项目的持续时间(Harris and Ioannou 1998)。然而,使用重复性进度计划方法的主要原因是,传统的方法(如CPM)不能解决重复性项目进度的安排。启发式方法也不能有效解决大型和复杂的问题(Leu and Hwang 2001)。因此,对于重复性项目需要不同的分析方法。

很多重复性进度计划方法已经证明,资源在不同项目的同类活动中连续流动是必要的。这些方法有很多不同的名称(Harris &Joannou 1998)。以下是重复性项目计划方法的详细清单(Stephen 2004):

①平衡线法(LOB,Line of Balance)。

②时间—距离图表(Time Versus Distance Diagrams)。

③施工计划技术(CPT,Construction Planning Technique)。

④竖向作业技术(VPM,Vertical Production Method)。

⑤线性平衡图(Linear Balance Charts)。

⑥速度图表(Velocity Diagrams)。

⑦时间—地点矩阵模型(Time-Location Matrix Model)。

⑧线性进度计划方法(LSM,Linear Scheduling Method)。

⑨时间空间进度计划方法(Time Space Scheduling Method)。

⑩干扰型进度计划方法(Disturbance Scheduling)。

⑪多楼层项目的水平和竖向关联进度计划方法(HVLS,Horizontal and Vertical Logic Scheduling for Multistory Projects)。

尽管上述项目集成方法的开发是为了解决特定的问题,但 Harri 和 Ioannou(1998)认为,其实这些方法在本质上是一样的,都是根据时间来安排重复性活动的进展。因此,Harri 和 Ioannou(1998)提出了一个通用和简单的方法,通过对重复性活动的进度安排,可以达到不间断的资源利用,这种方法就是重复性进度计划方法

(RSW,Repetitive Scheduling Method)。

RSW 方法的一个示例,如图 6-1 所示,X 轴表示时间,Y 轴表示工作段或项目。这个项目的工作段必须按照一定的顺序安排以确定他们重复的方式(Harris and Ioannou 1998),这些"工作段"可以看作是本研究一个项目群中的项目。然而,图中的直线表示生产过程中各种资源的利用,重要的是,每段直线的斜率对应于各种资源所服务的工作段的生产效率(Unit Production Rate,UPR)。这个斜率和资源生产效率(RPR,Resource Production Rate)没有任何的关联。所以每段工作段的 UPR 可能是不同的,或者说在不同的项目上是不同的,这通过计算 RPR 是不可能解决的(Harris and Ioannou 1998)。

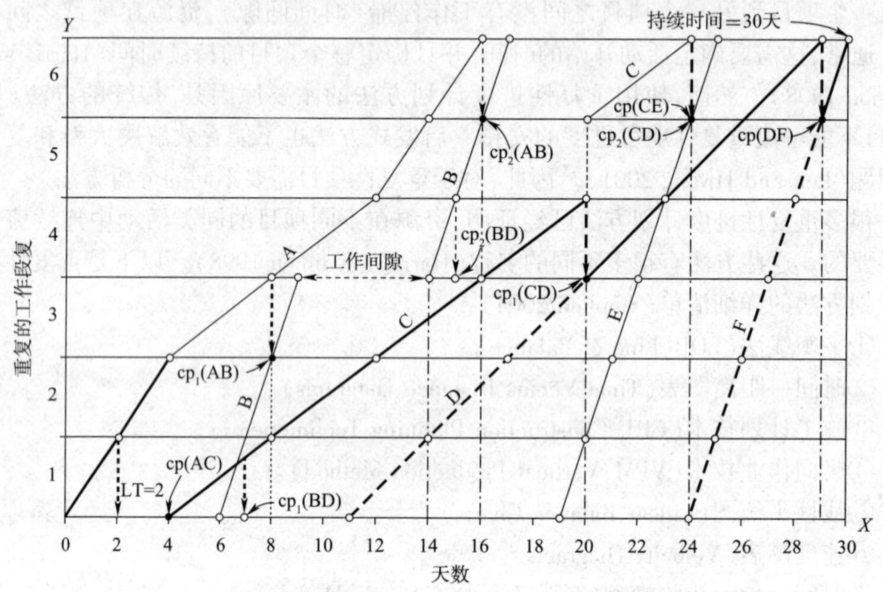

图 6-1　重复性进度计划方法示例(After Harris and Ioannou 1998)

RSW 的开发中出现了两个非常重要的概念,分别是控制点和顺序控制(Harris and Ioannou 1998)。控制点[图 6-1 中用 cp∗(∗∗)表示]反映从一个工作段到另一个工作段所必须的活动间隙,如工艺间隙、组织间隙和由于资源的限制所需等待时间。控制顺序如图 6-1 中的"黑线"所示,表示 RSW 中的关键线路。从图 6-1 中可以看出,关键线路在最近间距活动的控制点处从一个工作段转到另一个工作段。然而,RSM 的真正优势在于,它可以降低和压缩项目中所有工作段的总进度。这是通过增加或减少企业资源供应和对其控制点进行调节,来调整各种活动的工作段生产效率(UPR)完成的。如图 6-2 所示就是一个改进的示例,从图中可以看出进度压缩了8天。

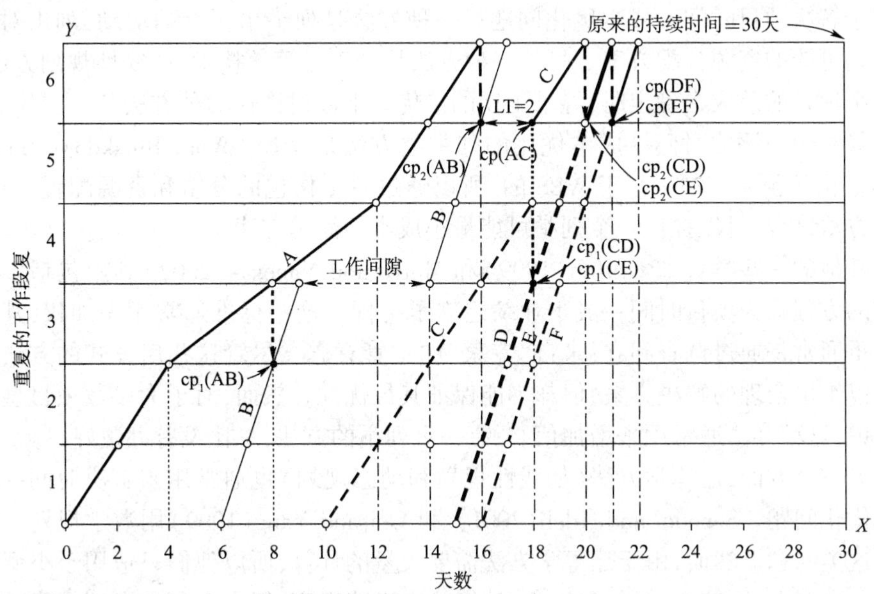

图6-2 改进的重复性进度计划方法示例(After Harris and Ioannou 1998)

在多工作段和多项目进度计划方面,RSM方法相对于传统的或启发式集成方法有了很大程度的提高,但其主要的缺陷是它假设"只有最重要的资源才用在连续重复性的工作段活动中"。同样,上面提到的一些进度编制技术,如平衡线法和速度图法,在分析重复性的进度方面也有各自的局限性,他们对资源约束的处理不能反映变化的生产效率和资源中断。因此,由于在资源安排和项目执行中缺乏柔性,在多项目环境下应用这些方法还存在很多问题。

除了进度编制方法,模拟技术也已经用在分析重复性项目上。特别是可以通过改变确定的或随机的输入,来估计运作流程的输出。但由于可以轻易地改变模拟条件(如资源限制和资源共享政策),也无法确定最优的解决方案。

与资源和进度集成研究同时发展的还有另外一个方向,即很多学者在检验的项目实施固有的时间—成本交换问题。不可否认的是,成本最优的是那些考虑了实际进度和成本最终平衡的项目。然而还不知道怎样实现这种项目优化。美国建筑业协会(CII)在这方面做出了贡献,他们通过区分工期压缩(Schedule Compression)和工期缩短(Schedule Reduction)来解释这个问题。尽管都是减少项目的持续时间,但工期压缩(Schedule Compression)的结果会导致成本的增加,而工期缩短(Schedule Reduction)则不会,Stevens(1990)为了区分这两个概念,他定义了一个最小成本进度计划,超过或者低于这个最优时间,总成本都会增加。另外还有两种方法用于解决项目时间—成本优化问题。一种方法是列举出所有的活动,列出对这些活动可能的资源分配方案。另外一种方法是基于运筹学技术,如线性规划方法,当一个项目的总成本确定时,寻求工期的最优。下面讨论这两种方法。

最常用的评估时间—成本优化的列举类方法是 WBS(Work Breakdown Structure)。由于预算控制是基于 WBS 的,所以通过对工作包的分组和资源配置,与赢得值方法结合,可以提供一个列举可能最小成本的简单方法。

其他的一些学者如 Griffith(1999)和 Mulva and Vanegas(2002)利用包括多重标准的方程式为项目时间—成本业绩建立了指标。这些标准通常用做加权,其中的权重通常是通过调查问卷,来自"专家"的主管意志。尽管这些启发式的方法通常可以给出合理的解决方案,但却不能保证其最优性。然而,对于大多数项目型组织来说,这种办法通常用来增加信心,有一个列举的方法,总比没有办法好。

另一个方面,运筹学方法(如线性规划和动态规划)也通常用来解决时间—成本的优化问题。Senouci and Adeli(2001) 和 Leu and Yang(1999)用数学规划模型优化这类问题。然而,由于运筹学方法需要大量的计算,所以他们只适用于小型的项目。事实上,即使在 90 年代以来,计算能力迅速提高,但大多研究者还是回避使用这类严格的数学规划模型优化项目的业绩。很多学者如 Li and Love(1997)和 Hegazy(1999)使用遗传算法等方法简化问题的复杂性,解决实践中遇到的特定问题。这类方法看来是当前解决时间—成本的优化问题的趋势。

项目集成和优化问题在本研究中非常重要。近年来的理论研究和实践,在最基本的项目管理功能方面,如资源分配、资源平衡和时间—成本优化分析,没有多大提高。因为资源模型是进度和成本连接的一个重要方面,但是由于项目成本和进度缺乏整合,已经导致了项目和企业的工作效率低下。造成这种现状的原因之一可能是缺少一种可以描述整合项目成本和持续时间变化的表示方法,这也是本研究的方向之一。

6.2 多项目进度计划和资源配置的系统思考

项目进度和资源分配是传统建设工程管理研究的重要领域,事实上,进度计划和资源分配是项目优化问题的关键,是项目优化一个问题的两个方面。传统项目管理是在合同工期的约束下编排进度计划,进而进行资源优化,即工期一定,优化资源,其目标是消耗在项目上的资源成本最小化,强调的是单个项目基础上的最优化(如上一节述)。精益建造(Lean Construction)已经对传统的方法提出了批评,认为应将整个建设过程视为一个系统或者是一个任务流,强调寻求减少浪费和提高可靠性(Koskela 1999)。精益建设的价值已被广泛证明,但它仍然是从单个项目的角度看待问题,本节要讨论的是多项目环境的进度安排和资源分配问题,这是企业实施项目群管理必须解决的主要问题。

在第2章中已讨论了传统工程项目管理的局限性,暗含许多错误的假设,因此应从一个全新的观点看待建设工程项目群的实施过程。

项目群与项目相比,包含项目数量的不同仅是其表面的差异,在本质上,项目群更具有系统性和动态性的特征。本章构建复杂系统模型来模拟资源(主要是人力资源)在多项目环境下的工作效率。然而,仅有系统思考还不能构建一个多项目进度计划网络,因此,本研究将系统思考和关键链项目管理方法进行整合,关键链项目管理用于构建多项目进度网络。此外,为了描述未预想到的情况,将情景规划引入到这个系统中,以便使项目群经理了解情景变化对正在进行的业务流程的影响。这种独特的结构可以让项目群经理在各种可能的情景下识别关键的因素,以便在复杂的环境下寻求可行的解决方案和最优的项目群计划。首先要了解项目群的环境,多项目的环境具有以下特征:

①由于使用共用资源,多个项目之间相互影响。

②在资源充分利用和单个项目的按时完成之间存在复杂的关联。

③资源在多个项目之间的使用,需要一些方法确定项目优先等级。

正是由于多项目具有上述特征,与传统单个项目相比,以下事项对项目群管理有很大的影响(Bengee and James 2004):

①资源配置:如何保持资源在多个项目上的有效使用?特别是人力资源,对于建筑业企业来说,主要是指从事关键技术、项目管理的核心人员。相对来说,其他资源通常可以容易通过市场配置,而人力资源的获取或解聘需要一个过程,而且是一个较长期的过程。组织的人力资源在短时间内应保持一定的稳定性。但由于建筑业长期以来实施“单个项目”的管理方式,在组织中确实存在这种现象,一些人员过度劳累,而另外一些人员没有得到充分利用,同时也存在所谓“鞭打快牛”的现象。管理者需要考虑,在什么情况下调整一个项目的人员数量。

②多项目进度计划:如何预测一个项目的拖延对其他项目进度的影响?由于一个项目群内有多个项目,它们需要一些“公共资源”,一个项目的进度变化,可能会对另外的项目产生连锁性的影响。由于资源的稀缺性,管理者要综合考虑资源的优化配置。

③项目的优先等级:如何在项目优先级的基础上配置组织资源?忽视项目优先等级而分配资源将对项目的很多方面产生影响,如顾客的满意度、生产效率以及

项目完成的及时性。优先等级较高的项目应该得到更多地关注和资源。

④项目管理方法：在多项目环境下，如何将几种相对独立的项目管理方法整合起来？有很多种项目管理方法，如计划评审技术（Program Evaluation and Review Technique，PERT）、甘特图（Gantt chart）、赢得值管理（Earned Value Management）、风险管理（Risk Management）及其他一些技术。这些技术在使用时通常相对独立，没有形成一种综合的管理方法。这些方法有各自的优势和缺点，需要将它们结合起来用在多项目管理领域，充分利用其优势，克服其缺点，是当前要解决的问题。

⑤突发事件：如何应对突发事件？如果所有的事情都按照事先设定的计划发展，那么项目管理就不存在失败之说。在所有的项目实施过程中，都会出现一些意想不到的事情。特别是在多项目环境下，项目之间存在相互依赖和影响，未来发生在一个项目上的突发事件，对这个项目产生影响的同时，也将会对其他项目产生影响。例如，如果关键岗位上的一个员工在项目进行到中途时突然辞职，这种情况可能会对整个项目群产生影响。尽管很难避免这些未知事件的发生，但却应提前做好应对这些事件的计划，以及发生以后的应对措施。

⑥人员疲劳度：在多项目复杂环境下，如何了解员工的疲劳程度？多项目管理的优势之一就是将稀有的关键资源在多个项目之间进行共享，但当关键员工在几个项目中承担多项任务时，一个主要的表现就是在精神和身体上的疲劳。这种情况将导致员工的离职率升高和项目进度计划的落空。因此，需要监控员工的疲劳程度，以阻止优秀员工的流失。

⑦高级管理层的视野：高层如何对组织同时进行的多个项目有全面的了解，做出正确的决策以减少一个项目的变化对于其他项目的影响？一直以来人们很少知道和了解同时进行的不同项目怎样安排才能获得最大程度的成功。因此，高级管理层应对所有同时进行的项目实施组合管理。

⑧共同语言：如何让所有项目团队使用共同的语言进行交流？通常每个项目的成员都试图按照自己独特的方式进行沟通，这样势必会影响多项目之间的交流和沟通。因此，在整个组织范围内，这种沟通“缺口”必须通过标准化的共同语言来填补。

显然，由于多项目之间的相互依赖和影响，所以有其固有的复杂性本质，因此有理由相信，对这些复杂关系的管理能力决定着组织的成败。如 2.2.1 所述，项目失败比率一直居高不下，而项目失败的原因多是由于资源的缺乏和多个项目对公共资源的争夺（Linberg 1999），但这仅仅是项目之间相互依赖复杂化的一个方面。为了全面了解这些项目之间的相互关联，我们必须运用系统思考寻求解决方案。目的是让我们能用系统的观念看待真实世界的复杂性。通过这种方法，本章的主

要目标是：

①了解并行项目之间错综复杂的相互影响。离开了对复杂系统的深入理解，这些关系很难理清。下一节将讨论怎样应用系统思考来实现这些必要的认识。

②通过考虑各种可能的情况，能够计划和控制，进而管理多项目环境。基于有效计划和控制，对不同结果的预测也是不同管理策略的成果，这对于多项目组织来说也是至关重要的。

③为了提高工作效率和避免项目失败，具备分析不同情景的能力。情景规划依赖于对系统的理解和对不同驱动力对未来影响的认识。这样做的目的不是对未来的预测，而是为了显示在未来不同的发展方向上，如何应对不同的情况。

④寻求一种以系统的、连贯的方式管理这些相互依赖和复杂性的方法。沟通不畅和管理不善多是由于一个复杂系统中语言传达的障碍引起的，特别是当一个复杂系统中包括多个并行的项目时，各个项目各具特征并相互影响。本书的目标是用关系图表来表现这个系统，以便每个人都有一个整体的和一致的沟通方式。

⑤建立一个能够利用系统动力学模拟的环境基础。模拟可以帮助评估不同行动、备选方案和因素对环境的影响。本研究为模拟这种环境提供了一个必要的思想基础，而系统动力学模型则是系统思考的最终结果。

总之，使用系统思考可以使我们做出更好、更稳固、更明智的决策，因为我们思考问题时了解了每种可行方案可能的结果。然而，仅有系统思考还不能全面了解进度编排和资源分配策略对整个网络的影响。因为每个项目的实施都有其具体的条件，因此也需要特定的系统动力学模型。例如，有些项目由于规模较小或比较简单，也就需要较少的资源，而大型项目则相反。因此每个项目的系统动力学模型各有特性，并且是分离的。为了研究基于进度和资源的多项目之间的相互影响，需要将这些模型连接起来。因此，笔者认为项目群管理的系统动力学模型，必须建立在一个多项目网络形成的共享平台上，这个多项目网络可以调节各个并行项目的动态性和相互影响。这个共享平台可以使用关键链项目管理（Critical Chain Project Management，CCPM）技术来构建（见 2.4.2 的论述）。但仅有 CCPM 却不能解决项目的动态变化对整个网络影响的问题。项目系统动力学模型和关键链计划共享平台的整合，可以帮助组织高层和项目群经理对所有项目的运行和相互关联有一个全面的了解。另外，情景模拟可以用来检验外部变化对项目的影响。由于在项目群的实施过程中，可能会出现不同的情况，项目群经理必须研究管理决策对项目的影响，本研究将为此提供一个支持工具。系统动力学和 CCPM 技术的整合已成功应用在软件开发行业，本书借鉴 Bengee Lee 和 James Miller（2004）提出的软件开发多项目仿真建模思想（如图 6-3 所示），构建适于建筑业企业项目群管理的系统动力学模型和多项目网络。

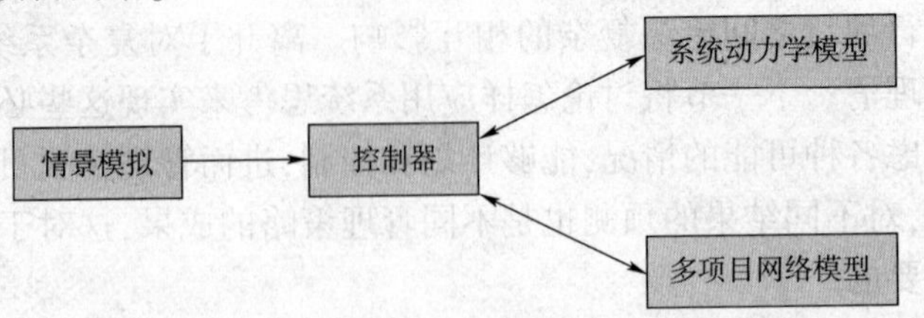

图 6-3　多项目管理仿真建模思想（After Bengee Lee and James Miller 2004）

在多项目环境中，对于资源的配置是非常困难的，特别是公司的核心资源。为了问题的简化，本研究主要考虑公司的人力资源，主要包括公司核心管理和技术人员，如项目经理、关键技术人员等。事实上，这些人力资源也是企业参与竞争的核心竞争力。与其他资源不同的是，人力资源从外部市场获取到熟练操作有个较长的"延迟"。例如，设备可以从市场中租赁获得，马上可以投入使用，而人力资源需要一个培训、熟练的过程。这是建筑业企业在人力配置时需要考虑的一个重要因素。

系统动力学模型可以帮助我们了解并行的项目之间的相互影响，以及对整个项目群，甚至整个组织的影响，进而寻求多项目的计划和控制方法。但系统模型的建立必须设定一定的界限，因此有必要界定项目群管理系统的边界，重点讨论本书拟解决的问题，这样可以更好地理解系统，不至于过多地关注无关紧要的细节。因此，本书将研究的范围仅仅包括以下几个方面的模型。

①工作压力和人员疲惫模型：模拟工作量的增减和人员疲惫程度的关系。

②人力资源模型：模拟人员在项目之间的变化。

③效果模型：模拟与项目相关的多种因素对建设项目绩效的影响。

④效率模型：基于员工的人数、能力、疲劳程度、沟通程度等定义一个总体的效率影响因素关系图。

⑤控制模型：评估已经完成结果，并确定剩余工作量的需求。

⑥计划模型：在项目开始时提供一个初始计划，并且在项目实施过程中根据需要调整进度和人员的配置。

在多项目环境中，有些因素影响所有的项目。例如，在人力资源模型中，所有项目共享组织的人力资源，组织的招聘和解雇政策影响所有项目的人力资源安排。同样，工作压力和疲劳度模型模拟工作量对这些项目实施人员的压力。例如，如果让这些有限的人力资源实施过多的项目，在一定时期内他们会感到过重的压力。上述两个模型对于公司的所有项目都有影响，因此作为共享模型。

另外,有些变量仅对单个项目有影响。例如,项目的大小、复杂性、需求的变化等有所不同,对每个项目的计划和控制会有所不同。所以,单个项目的模型与上述两个不同,不存在共享的问题,每个项目各有特征,这种理念如图 6-4 所示。在后面的章节中,用两个并行项目为例说明这些子系统模型。

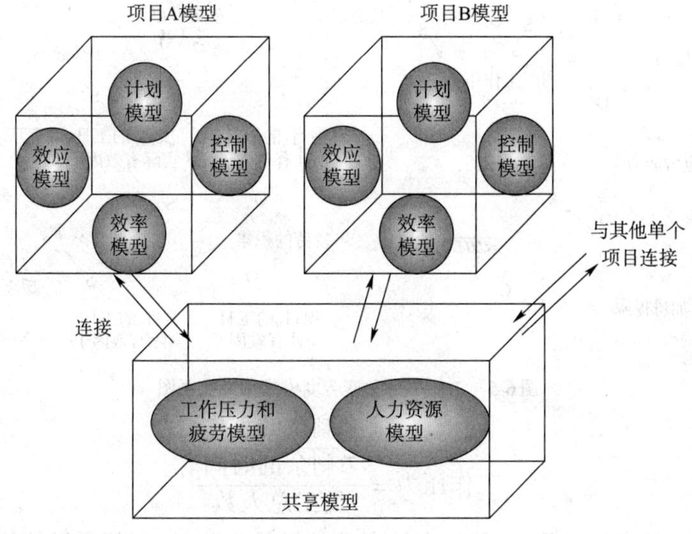

图 6-4　多项目子系统模型概览

6.3　多项目进度计划和资源配置的系统动力学模型

6.3.1　多项目共享模型

共享模型包括两个部分:工作压力和疲劳度模型、人力资源模型。下面描述两个并行项目共享资源时的情况。有些变量对于单个项目是特定的,如任务$_A$表示项目 A 的任务数目;任务$_{AB}$表示项目 A 和项目 B 的任务数;如果没有脚标,则表示整个系统中共享的部分;如果变量用斜体字表示,如"员工总数",则表示这个变量对于当前讨论的模型是一种外部变量,与另外的模型存在联系。

6.3.1.1　工作压力和疲劳度模型

这个模型模拟多个项目并行时对于员工产生的工作压力和疲劳度。组织应该在工程项目的实施过程中监控员工的疲劳度,而疲劳度是受工作压力影响的。这个模型也揭示了疲劳度积累的原因。这个模型的因果关系如图 6-5 所示。

单位工作压力是一种衡量员工工作状态的度量尺寸,管理者使用这个工具可以分配任务，员工也可以觉察到自己在整个组织中的职责。随着“任务$_{AB}$”的增加，对“工作压力”的影响是正向的。工作压力是由所有项目剩余的工作量和“员工总数”决定的。

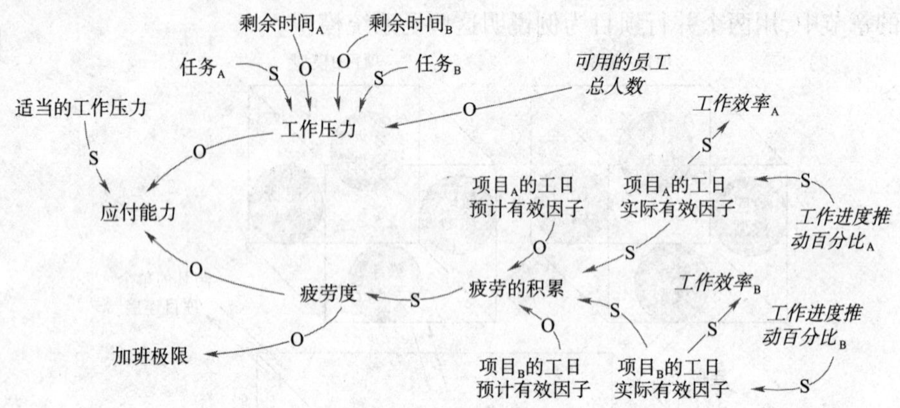

图 6-5 工作压力和疲劳度模型因果关系图

$$工作压力 = \frac{\sum_{i=1}^{n} \frac{剩余的工作_i}{剩余的时间_i}}{员工总人数}$$

在项目群的实施过程中，所包含的项目数量是变化的，有新项目的加入，有旧项目的完成，因此，工作压力会随着人员、任务的变化而波动，这明显会影响员工对于工作的应对能力。一般来说，员工的平均工作应对能力与总的工作压力是成反向影响的(Sherwood 2002)。尽管优秀的员工往往会被安排更多的工作，但总体上的平均水平还是如图 6-5 所示的这种反向的影响。因此，假定存在一个“适当的工作压力”，这种情况下员工感觉良好，如果再增加工作压力，将会影响到他们的工作应付能力。

工作应付能力是一个流位变量❶，它的值反映员工对于工作的控制能力。将“适当的工作压力”定义为中等水平的员工在没有降低他们的工作应付能力情况下的工作压力。例如 Bengee Lee 和 James Miller(2004)给出的软件开发项目中员工应付能力的变化情况。将适当工作压力定义为每个员工每工作日完成 2 个单位的任务量，工作应付能力定为 1。工作压力的流率❷等于当前的工作压力除以适当的工作压力。因此，当流率大于 1 时，表示当前员工的工作压力大于其适当的工作

❶ 系统动力学流图理论中的一种变量，具有积累效应。若 $LEV(t) = LEV(t-\Delta t) + \Delta LEV(t-\Delta t)$，其中 $\Delta t>0$，$\Delta LEV(t-\Delta t)$为从$(t-\Delta t)$到 t 时 $LEV(t)$的增量，则 $LEV(t)$变量称为流位变量。

❷ 系统动力学流图理论中的一种变量，若流位 $LEV(t)$和函数 $RAT(t)$，满足 $LEV(t) = LEV(t-\Delta t) + \Delta t \times RAT(t-\Delta t)$，其中 $\Delta t>0$，则 $RAT(t)$为流位 $LEV(t)$的合流率变量，简称流率。

压力。如果仅是超过的量很少,这时员工的感觉可能还不是十分明显,但随着流率的增加,员工会感到压力逐渐增大,并影响他们的工作应付能力;相反,如果工作压力减少,员工的工作应付能力将提高。本书将建设工程项目的工作量转化为与管理活动相对应的标准单位,而不是按照传统建设定额中的人工工日,可以是财务指标(如造价等),也可以不用量纲来衡量。将工作压力降低的百分比定义如下:

$$\text{工作压力降低的百分比} = \frac{\text{原来的工作压力} - \text{现在的工作压力}}{\text{原来的工作压力}} \times 100\%$$

除了工作压力之外,由于过度工作而造成的“疲劳度”也会降低员工的能力。疲劳度越高,对于员工应付能力的影响程度就越大。当人们感觉疲劳时,他们的工作能力会降低。疲劳度是一个流位,受疲劳积累的影响,疲劳度积累是各种描述工作过载变量的函数。

例如,一个工作日 8 个小时中,70% 的时间集中于工作,剩余 30% 的时间休息,“工日预计有效因子”为 0.7。如果项目实施环境稳定,“工日实际有效因子”也是 0.7。然而,如果工期拖后,通过设定一个“工作效率提高百分比” 加快进度,就是通过减少休息时间来完成多余的任务,将更多的时间用在工作上。所以项目的工作效率由于减少了休息时间而得到提高。因此,疲劳度积累率是预定的和实际的工作日有效因子的函数,如图 6-6 所示。

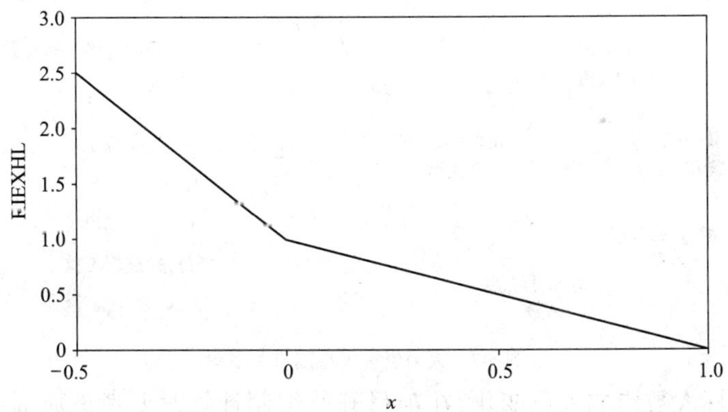

图 6-6 疲劳度的积累率(After Bengee Lee and James Miller 2004)

其中:RIEXHL = rate of increase in exhaustion level(疲劳度积累率)

$$X = \frac{1 - \text{AFMDP}}{1 - \text{NFMDP}}$$

AFMDP = actual fraction of a man-day on project(项目上一个工日的实际有效因子)

NFMDP = nominal fraction of a man-day on project(项目上一个工日的预计有效因子)

当 X 的值在 0 ~ 1 之间时,通过压缩员工的休息时间提高工作效率,然而,不仅是压缩休息时间，加班也可以提高工作效率，即在 -0.5 ~ 0 之间。但研究证明，员工加班有一定的极限。用“加班极限”来衡量员工愿意加班的时间，例如，根据 Abdel-Hamid 的研究（cited Bengee and Miller 2004），员工愿意加班的极限时间最大为 5 周。

6.3.1.2　人力资源模型

本小节讨论的人力资源，包括管理人员、技术人员等项目部成员，这些是组织的核心资源，而不是劳务人员。结合当前建筑业的实际情况，劳务人员不在本书的讨论之中，这是因为多数大型建筑业企业采用的是劳务分包的方式。为了简化本模型，假定在一定时间内，组织员工数量相对稳定（如年度内），这与实际情况是相符的，因为组织不会随意解聘员工，同时从市场中获取的人员，也要经过一段时间的培训，才有可能熟练参与工作。换句话说，就是在短时间内不考虑员工的离职、公司解聘等人员变动的情况，只考虑公司内部的人员调动变化。本模型描绘可分配的总人数和人员变化之间的关系。

如图 6-7 所示，可分配的员工总人数受自单个项目中调出或调入到项目人数的影响。例如从单个项目中调出人员回到“资源库”中，可用人数就增加，所以他们之间的影响是正向的；反之，从“资源库”中调出人员到单个项目，可用的人数就减少，他们之间的影响是反向的。这两个变量将在计划模型中进一步讨论。

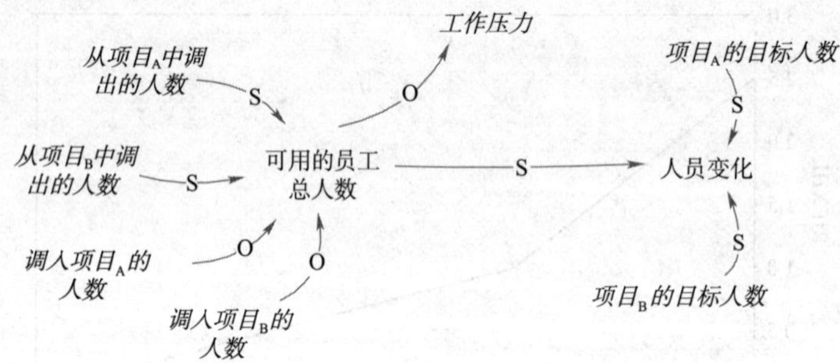

图 6-7　人力资源模型因果关系图

项目目标人数影响人员变化，在项目开始编制计划时要考虑所需要的目标人数对于整个组织人员变化的影响，这种影响是正向的。

上述两个模型属于多个项目的共享模型，下面讨论单个项目的模型。

6.3.2　单个项目模型

单个项目模型包括一个效果模型、一个效率模型、一个控制模型、一个计划模型，这些模型所包含的变量对于每个项目都有所不同。本部分所用的符号与上节有所不同，用脚标“s”表示来自共享模型的变量，如“工作压力$_s$”表示所有项目的工作压力。无脚标“s”表示该变量仅属于单个项目模型。

6.3.2.1　效果模型

每个项目基于其合同条款都有特定要求。这个模型提出了一些具有共性的影响因素，并描述了在项目实施过程中怎样调整这些因素。

如图 6-8 所示，“计划修正值”是完成项目所有任务尚需要的工日。一个项目工作量可以转化为标准的单位，以此来衡量项目的大小，如标准工时、标准造价等。本研究将其转化为与管理活动相对应的标准单位。“工作量”首先取决于项目的大小，另外，项目的复杂性也对项目的工作量有影响。例如，一栋住宅楼和一座计算机控制中心相比，都属于房屋建设，但后者远比前者复杂，同样的工程实体可能需要更多的管理活动。另外，“需求变化”也会影响到预期效果，特别是在建筑业，由于业主的最初需求不能很好地描述，或者改变最初的想法，这都会导致工作量的变化。例如，由于业主的需求调整，工程量增加（或减少），随之项目人员可能增加（或减少）。下面用一个例子说明这三个变量对“工作量”的影响。假定有一个参照标准（一个已完成的项目），知道项目大小、需求的变化和项目的复杂性。当实施一个新项目时，可以和标准项目进行比较。假设新项目的工作量为 30000 个标准单位，估计其难度是标准项目难度的 2 倍，因此“项目复杂性”因素的值为 2。预计其业主需求变化与标准项目相同，“需求的变化”的值为 1.5。综合考虑这三个因素，与标准项目相比，新项目“工作量”的数量等于 30000 × 2 × 1.5 = 90000 个标准单位工作量。

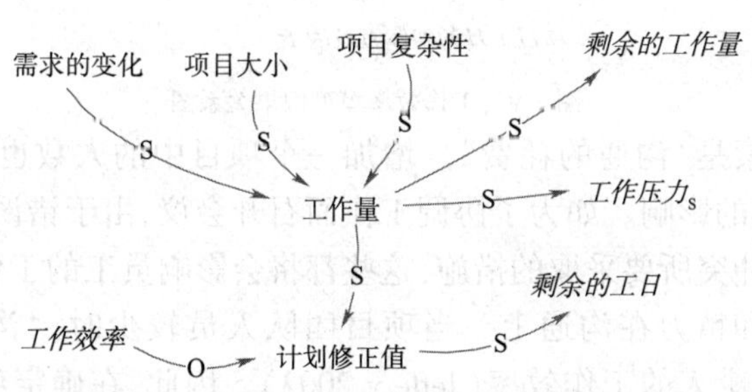

图 6-8　效果模型因果关系图

工作量的大小影响控制模型中的“剩余工作量”，并且影响本项目的“工作压力”和“计划修正值”。“工作压力”是分配给一个员工在一定时间内必须完成的工作，它与“计划修正值”不同，“计划修正值”是基于“工作量”和“工作效率”。工作效率通常用“个工作单位/人 · 天”来衡量，因此，“计划修正值”等于“工作量”的数量除以“工作效率”。工作效率越高，计划修正值越低。

$$计划修正值=\frac{工作量}{工作效率}$$

6.3.2.2 效率模型

工作效率描述的是在特定时间内、每个员工完成的工作量,它受很多因素的影响,下面的模型给出了其中几个重要的影响因素。

如图6-9所示,有多个因素影响"工作效率"。其中"项目工日的实际有效因子"对于工作效率的影响已在图6-5中反映。员工能力水平很显然对于工作效率有正向的影响。为了衡量这两种因素的影响,需要引入两个标准的工作能力参数分别衡量有经验人员与新人员的能力水平,并假定这种参数在一个项目群实施过程中保持不变。用这两个参数和人员组成计算出加权平均数,确定项目的工作效率。例如,如果我们选定有经验人员的能力作为参照标准,那么新员工的能力就相对较小,可能是有经验人员的1/3或2/3,然而不同组织的这些值是不同的,需要根据具体情况而定。假设新人员的工作能力为2个工作单位/天,有经验人员是他们的两倍,如果一个项目中由60%有经验人员,40%新人员组成,那么,工作效率可以通过这些参数的加权平均算出。如:$(0.6\times4+0.4\times2)=3.2$个标准单位/人·天。

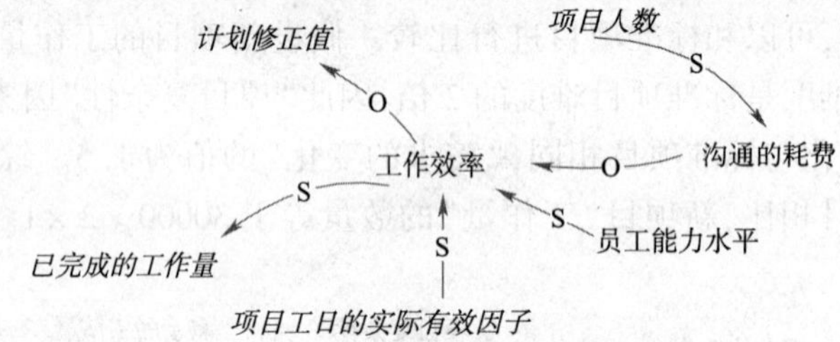

图6-9 工作效率模型因果关系图

另外一个要素是"沟通的耗费"。增加一个项目中的人数也会增加沟通的难度,对效率有负面的影响。如为了协调工作而召开会议,由于错误传达而造成的冲突以及解决这些冲突所要采取的措施,这些都将会影响员工的工作效率,他们必须花费大量的时间和精力在沟通上。当项目团队人员较少时,"沟通上的耗费"就少,这有利于提高个人的工作效率(Jeffery 2002)。因此,在确定项目团队人数时,不仅要考虑人员工资成本,还要考虑由于增加人员而造成的"沟通的耗费"。

根据软件业的研究结果,"沟通上的耗费"和团队中员工人数的平方成正比,他们的关系如图6-10所示。例如,如果"项目工日的实际有效因子"为0.7,表示一个员工每天上班时间的70%用在工作上,如果所在项目团队的总人数是30人,那么考虑"沟通上的耗费",这个员工的真正效率是$0.7\times(1-0.5)=0.35$。换句话说,就是这个员工真正用在工作上的效率仅是其潜在效率的35%。尽管这个关系

图来自软件开发业,但对于建筑业仍具有借鉴意义。图 1-3 所示的组织运作形式分类为本书借鉴软件业的成果提供了依据。

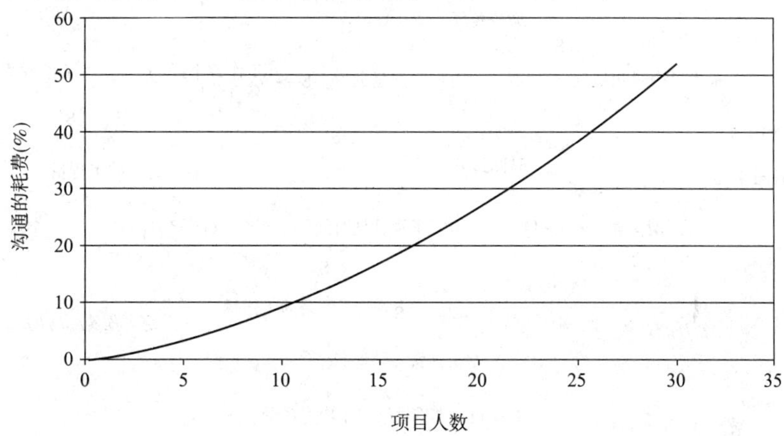

图 6-10　沟通的耗费与人数的关系(After Bengee Lee and James Miller 2004)

6.3.2.3　控制模型

在项目控制阶段,最根本的任务是评定工程进展和估计完成剩余工作的计划修正值。本模型利用效应模型所确定的剩余工作量和完成所有工作需要的工日来描述,将计划修正值和剩余的工日进行比较。两者之差反映能否在规定的时间内完成所有任务。评价完成以后,项目的参数和员工人数可能根据具体情况而改变。例如,如果一个项目进度拖延,为了按时完成工作,必须加快实施进度。然而,如果工作效率不能提高,计划修正值就必须重新调整——这就意味着工作不能按期完成。这种变化的情景如图 6-11 所示。

随着项目的进展,完成的工程量越来越多,用"累计完成的工程量"来表示。其值等于"工作效率"乘以"总工日"再乘以"已完工程实际时间"。用"累计完成的工程量"度量项目的进展,例如,在项目开始时,它的值为 0,当它的值等于总工程量时,表示这个项目已经全部完成。因此,从总工程量中减去"累计完成的工程量"就等于"剩余的工作量",用它来表示需要完成的剩余工作。将"剩余的工作量"除以"工作效率",结果就是"拟完工程计划时间"。

"拟完工程计划时间"是完成项目预计还需要的总时间,"剩余的时间"是按进度计划计算出的所需要的时间,它是由计划模型决定的。通过比较"拟完工程计划时间"和"剩余的时间"我们可以发现两者的差别,用"时间差"来表示,其真实的意义是实际进度和计划的时间差:

时间差 = 剩余的时间 - 拟完工程计划时间

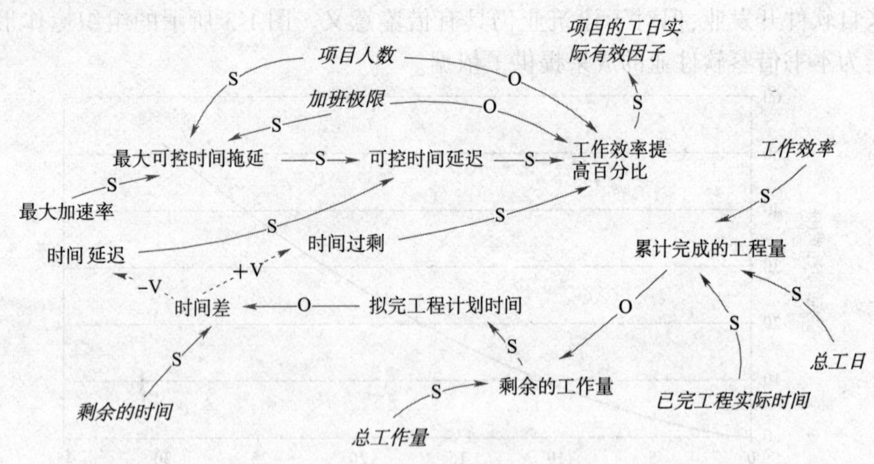

图 6-11　控制模型因果关系图

如果时间差为正数,表示项目实际进展超过进度计划,简称“时间过剩”;然而,如果项目进展落后于进度计划,时间差就为负数,简称“时间延迟”。图中用虚线表示“时间差”的两种可能。或者是“时间过剩”,或者是“时间延迟”,两者仅取其一。

在详细讨论时间过剩或拖延之前,有必要了解“最大可控时间延迟”。这是项目拖延有可能弥补的最大值。最大可控时间延迟由三个变量的乘积决定:加班极限、项目人数和最大加速率。例如,一个项目团队有 10 人,他们的加班极限是 10 天,最大加速率为 100%,就是说他们的工作时间是正常情况下的 2 倍。这样,这个项目的最大可控时间拖延是:$10 \times 10 \times 100\% = 100$ 天。

当存在时间延迟时,就是说项目实际进度落后于计划,“可控的时间延迟”由“最大可控时间延迟”和实际“时间延迟”两个变量中的最小值确定,当后者小于前者时,表明通过项目团队的加班,可以将拖延的时间补上,即可以在合同约定的工期内完成。然而,如果后者大于前者,表明无论项目团队成员如何努力,只能完成“最大可控时间延迟”,不能按期完成,这时就需要重新调整进度计划。这将在计划模型中解释。

“工作效率提高的百分比”是基于员工分配在单个项目上的工作时间而确定的一个提高工作效率的目标。它的值等于:

$$工作效率提高的百分比 = \frac{可控的时间延迟}{员工人数 \times 加班极限} \times 100\%$$

例如,一个 10 人的项目团队在 50 天内的可控时间延迟是 100 个工日,那么,工作推动%为100/(10×50)=0.2,或者说,为了完成目标(将拖延的100个工日补上),他们必须提高工作效率的20%。工作效率的提高实际上是通过"项目工日的实际有效因子"来实现的。例如,如果工作效率希望提高20%,原来一个8小时工作日的有效因子为0.7,现在就要将其值从0.7提高到0.84。

当项目实际进度超过计划时,员工将会降低他们的工作效率,为了不使"工作效率提高%"为负值,就要及时调整工作进度计划,缩短项目工期或从项目中调出人员。

6.3.2.4 计划模型

计划模型在项目开始时提供一个进度计划,并在项目实施过程中根据需要调整进度。在项目开始时,根据合同要求确定项目启动和结束时间,并估算各阶段所需要的人数。随后,随着项目的进展,根据剩余的工程量和时间,调整项目上工作的人数,对于单个项目来说,应保持人员的相对稳定。如果需要较多的人员,就要从其他项目上调入人员,反之,就要从这个项目上调出人员。有些情况下,仅调整人员仍不能满足计划要求时,就要重新调整计划。

如图6-12所示的计划模型因果关系图中,"剩余工日"和"已消耗工日"衡量项目工作量的完成情况,"项目人数"是指在本项目上工作的人员数量,与其他项目一起共享人力资源模型中的组织的所有人员。

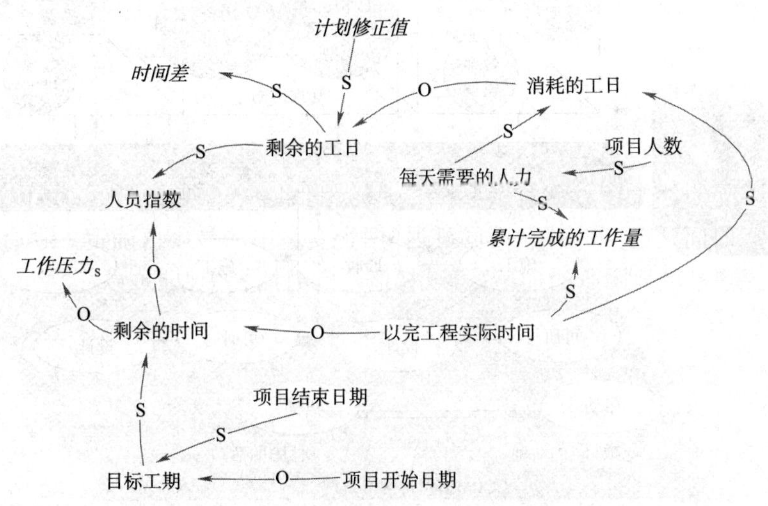

图6-12 计划模型因果关系图

"目标工期"是在项目开始时确定的工程持续时间,等于"项目结束日期"减去"项目开始日期"。"剩余时间"等于"目标工期"减去"已完工程实际时间"。"人员指数”是完成工作所需要的全职工作的人数,一般来说,它和“剩余的工日”影响同向,与“剩余的时间”影响相反。“每天需要的人力”是指实际在项目上工作的人数,这是由于有些员工并不是全职人员,可能同时为多个项目服务。

6.3.3 模型整合

上述讨论的是单个系统动力学模型,本节拟将这些子系统整合在一起,以提供一个多项目系统的解决方案。如图 6-13 所示,这个整体系统中一共包括五个部分,分别是:

①情景变化。
②多项目网络模型。
③控制器。
④共享模型。
⑤单个项目模型。

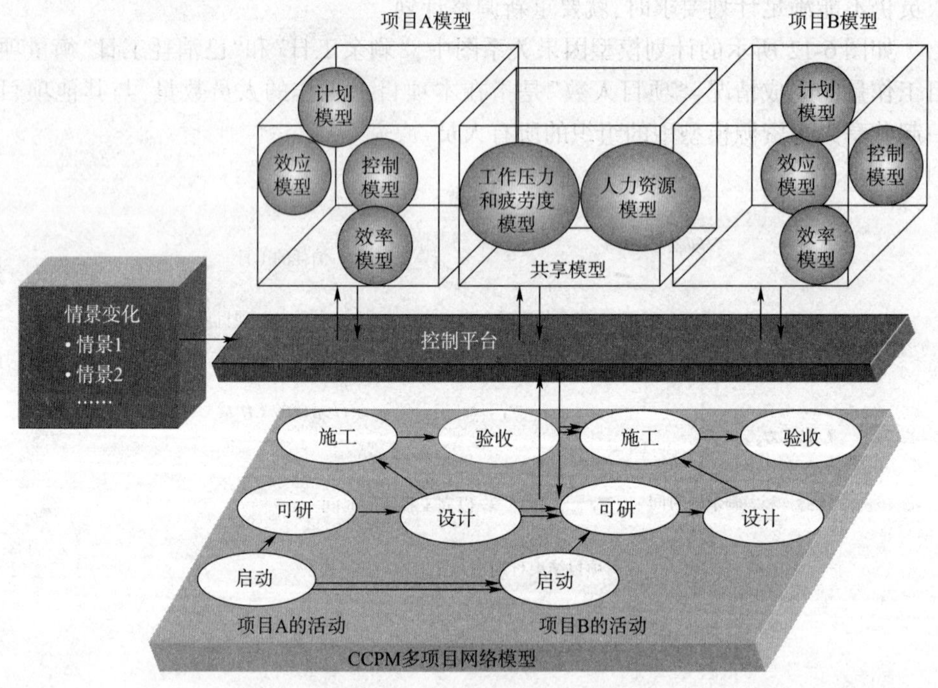

图 6-13　模型整合概览

整合上述模型,需要一个控制平台,图中的控制器是控制多个系统动力学模型和关键链项目管理网络的平台。而情景模型是根据外部条件变化,向控制平台输入变量的参数和内容,例如,由于业主的要求变化,项目的规模变化,情景模型就要将这些变化转化为相应的参数输入控制平台,因此,也可以说,情景模型是系统和外界的交互界面。根据情景模型的输入,控制平台将这些数据输入到各个模型中,进而调整项目和共享模型的初始值。

控制器也和 CCPM 网络实现交互。CCPM 网络向控制平台提供多项目环境下各个项目活动的开始和结束时间信息。计划模型可以据此确定需要的项目人数,并将这个信息反馈到控制平台。控制平台根据此信息从共享模型中获取适当的资源,然后反馈到 CCPM 网络中,确定特定项目的资源分配。

单个项目模型和共享模型的信息共享也是在控制平台上进行的,例如,效应模型中工作量和计划模型中剩余时间的值要通过控制平台传达给工作压力和疲劳模型。单个项目模型之间在模拟项目活动时也存在着相互影响,如控制和计划模型之间,这些模型的结果也要反馈到控制平台,以确定对后续工作的影响。如一个设计变更,导致工作量的增多,从系统动力学模型中模拟的结果表现为工期的拖延,这时就要通过控制平台反馈到 CCPM 网络中,如果这个拖延影响到关键链,那么,这个 CCPM 网络就要根据最新的信息重新调整、分配资源。这种调整的结果可能影响其他项目,其他项目可能要晚开工或者工期延长。这样,通过这些模型及其之间的相互影响,就可以描绘出多项目之间的相互关联和相互影响,这实现了本研究的主要目标之一。

以上述因果关系模型为基础,绘制系统动力学流位图,编写方程式,应用系统动力学软件,如 Vensim,Ithink 等,模拟多项目进度计划和资源配置的动态变化,为多项目管理决策提供支持,这些方面有待进一步的研究。

6.4　本章小结

本章首先讨论了传统工程项目管理进度与资源配置的方法,重点关注了应用传统项目管理方法解决多项目进度与资源配置方面的研究。接着指出了多项目管理时需要全面考虑的问题,进而构建了多项目管理的系统动力学模型。包括两个共享模型和四个单个项目模型。最后结合以资源约束理论为基础的关键链项目管理,构建了多项目管理的综合模型。借助于这个模型,管理者可以观察多个项目之间的影响关系,并通过情景变化,了解管理决策对整个项目群环境的影响。

第7章 建筑业企业项目群管理的绩效评价

"You get what you measure",你如何评估,就会得到什么结果。对于任何组织来说,绩效的考核和评估都是非常重要的。通过绩效的考评,可以深入了解组织的计划、流程、人员的工作效果和效率。但绩效衡量对于项目型组织来说,还有其他的作用。一个作用就是为关注项目群的战略目标提供一个结构性的方法,另外还建立了一个向上级汇报项目群绩效的机制,并且还可以作为提高责任的一个早期预警系统。下面首先讨论项目群管理绩效考核的内容和方式,接着构建用以衡量建筑业企业项目群管理绩效的平衡计分卡。基于此计分卡,应用模糊评估方法,对建筑业企业实施项目群管理的绩效进行综合评价。

7.1 项目群管理绩效考核的内容和方式

目前项目群管理的绩效衡量有三种形式:①从过程的立场,强调项目群活动的类型和层次;②评定项目群交付的产品和服务;③评估同类的产品和服务的结果(Stephen 2004)。为了帮助组织有效进行绩效考评,NPR(the National Performance Review 1997)开发了一套具体的方法,包括以下五个部分:

①概念框架。

②包括的执行人员。

③对于应急的判断。

④沟通。

⑤组织流程。

其中,绩效测量中最重要的部分是一个概念框架的开发。这类框架的开发可以参照类似企业的经验,或者通过深入研究先前的案例,从中取出成功的经验。这个概念模型必须简单,并且用它评估一个项目群的成果必须对所有的项目群干系人都有意义。并且对于企业和其客户来说都容易理解,可以和各自预期的目标进行比较。因此,本节汇总了项目型组织评估项目群绩效的经验,也包括一些有效实施项目群管理的方法。

对于一个组织来说,一个有效的概念模型通常包括流程、结果和战略性业绩指标,这些都和整个组织的目标有关。在开发新的概念模型时,20%的努力通常产生

80%的结果。因此,最近关于绩效测量的框架已集中于关键成功因素的开发。Freeman 和 Beale(1992)开发了一系列基于项目财务指标的关键因素。对于项目型组织来说,这些关键成功因素有助于企业度量项目和项目群的业绩,并且可以和其他组织相互比较(Frost 2002)。

现在,有许多组织建立了项目绩效的数据库,围绕项目目标建立了项目的参数模型。这类数据库存在的问题是没有考虑组织之间的不同,因此也有学者认为不同的组织应该建立不同的测定成功的方法和标准。另外,项目群应该从一个更加全盘的观点看问题,并且要参照组织的业务动向(Pellegrinelli 1997)。这就意味着对于项目群管理的业绩衡量数据必须规范化,并用相对的术语表示,比如比率和百分比等,能在广泛的范围内与其他组织的业绩数据进行比较。当然,这种衡量业绩的方法是非常难于建立的,由于一些业绩衡量是难于用定量的方式来表达的,如设计工作中的方案设计、计算以及替代方案的选择等。除了投入的人力,很难确定多少设计工作已完成,以及完成的质量如何,因为设计工作本身没有一个统一的衡量个体。

传统的“启发式”多项目计划方法在处理时间、资源、成本和其他关键项目参数时有很大的局限性。因此,Shankar 和 Nagi(1996)对绩效衡量的模型和方法分成了任务约束、资源约束和现金流约束三种。但现在还没有一种模型可以综合这三种约束进行绩效衡量(Barraza et al. 2000)。由于这些内部因素相互之间的作用,还没有方法可以整合成本、持续时间和过程数据,以反映项目和项目群活动变化的特征。因此,许多研究者提出了多种优化其中一个变量的模型。然而,只有在对其中一个目标或属性的任何改进和提高,不会引起其他目标和属性的降低时,这样的模型和方法才有意义(Leu and Yang 1999)。为了获得项目最大的净现值(NPV, Net Present Value),Spcranza 和 Vercellis(1993)建立了一个优化模型,在资源不变的前提下,在一个变化的时间范围内安排项目。Chan(1996)等人建立了一个为单个项目分配资源的模型,但这个模型没有考虑财务数据。

所有的组织都会将收益集中于以下几个方面:财务收益最大化,提高客户满意度和内部运作流程。在这些方面,项目型组织没有什么不同。对项目群的时间、资源分配和项目预算的综合管理是一个非常复杂的过程,这需要平衡多个参与方的利益冲突。因此,项目群经理通常最关心的是那些关键的决策,如时间、成本和资源使用,不同活动在生产效率、服务和可靠性方面的相互影响。

对于一个利益导向的组织来说,利润是衡量其生产效力和效率的一个重要的指标。那些能提供更多收益,更高效率的企业将占领市场(Halpin 1993)。然而,在80年代,经理们一直认为竞争力来自时间和成本两个维度,(Cooper and Kaplan

1999)。因此,缩短内部流程周期和生产时间成为许多项目型组织的主要目标。Platje(1994)的研究表明,通过引入一个项目群管理团队,建立一种机制,以连接项目组合层次和单个项目之间的计划,可以缩短项目交付的时间。这其中的原因是,如果一个复杂项目群的实施时间可以准确预测,将有利于企业主动采取调整措施,这对于组织的业绩也会产生影响(Back et al. 2000)。

资源的有效利用应当作为项目群绩效评定的一个重要组成部分。在现有的项目群管理研究中,多数是针对资源的有效配置进行的。Archibald(2003)认为,在项目和活动的相互关联方面,有2/3是由资源确定的。因此,为了使项目群具有较强的竞争力和获得更多收益,项目群经理通常要与资源经理协调,争取组织的资源支持。同时,也影响一个项目群内对于单个项目资源的分配。事实上,因为资源利用是对资源使用效率的衡量,所以,组织对资源的管理能力是组织运作和财务绩效的一个重要组成部分(Back et al. 2000)。

项目群的评估是通过定期或不定期的考核,以评价项目群的运作是否正常。评估的参与者通常是外部的专家或项目群经理。现存的有四类基本的项目群评估类型。第一类是过程评估,这是考察项目群是否按照预期正常运行;第二类评估是看结果,主要是确定组织所实施的项目群活动,是否真正为客户带来了其期望的结果,这种类型也可以考察项目群的实施过程,以了解结果出现的原因;第三类项目群评估是影响评估,将实施项目群的结果同不实施项目群的结果相比较,这种评估是为了衡量项目群的净收益;最后一种是成本—收益分析,这些分析是比较一个项目群的产出和期间成本,以及资源的支出。然而,由于项目群评估是由项目群执行者以外的人员实施的,所以使用这些评估方法存在很多问题。Wholey(1994)指出,以下因素影响了项目群评估的科学性:对项目群目标的认识不统一;不现实的目标;绩效信息获取的成本(为考核付出的成本)过高;外部环境导致项目群经理无法实施必要的改进。因此,大多数的项目型组织还是使用原有的项目绩效评估系统。

显然,不同类型的组织应该有不同的绩效评估系统。尽管每个系统各有特点,但所有成功的绩效评估系统都有共同的特征:①综合定性和定量考核;②所衡量的结果反映企业的战略目标;③衡量是基于同类组织或以往业绩;④反映顾客的需求;⑤拥有反馈机制,作为“输入—过程—输出—结果”这个连续统一体的一部分,提高这个评估系统的长期运作。

另外,还可使用更为简单的绩效计分卡衡量绩效的不同方面。如“平衡计分卡”就可以根据需要衡量企业的战略绩效。可以用来:

①影响资源配置决策。

②为内部和外部流程改进提供基准。

③调整目标、基准和客户价值。

④提高服务和产品的交付机制。

因此，全面的绩效信息是提高正确决策的基础。本研究使用平衡计分卡作为衡量项目群绩效的工具，以期全面评估项目群管理绩效。下面讨论企业项目群管理的平衡计分卡的构建。

7.2　项目群管理平衡计分卡

由于企业的盈利水平决定着企业的生存与发展，因此大多企业将绩效评估的重点放在财务指标上。对于以项目为基础的组织来说，其绩效衡量的重点在其利润源——项目上，对项目的衡量是以财务指标为主。但在最近的几十年，由于竞争的激烈、全球化的进展和技术的"爆炸"，组织学习、知识创造和创新能力已经表现为竞争优势的主要因素。相应地，传统的财务绩效衡量已经不能满足组织对于长期目标的追求。因此，组织被迫对一些"软"指标给予更多的关注，如与人、过程有关的指标，而这些指标在资产负债表中是没有反映的。

由于过于重视财务性指标而忽略了非财务性指标的评估，使得企业无法真正衡量出项目的绩效表现，这样评估的结果就有失公正性和全面性。传统的财务指标评估的局限性主要有以下几点：

①财务绩效所代表的是属于一种"产出"的性质，它们无法具体而明确的告诉管理者，应该采取何种实质性的做法或途径。

②财务绩效的好坏，往往受到外界众多不可控因素的影响，若不问具体的情况，仅根据财务指标评估项目，既不利于全面分析项目的影响因素，也不利于提高组织项目管理能力。

③财务指标所衡量的，往往只代表战略绩效的某一部分的结果，就是说，战略所追求的某些重要的效果，如企业形象、市场占有率、社会责任等，是不能清楚地表现在财务指标上的。

④在财务指标的引导下，人们往往只重视短期而具体的效果，而忽略或牺牲了更重要的长期和整体的效果。

对于建设项目来说，利润指标在项目完成以前是不确定的。而建设项目的动态特性决定其预期结果难以实现。所以非财务指标更能反映项目的收益。如组织对于该项目的技术是否成熟，组织承接项目主要的目的是什么？占领市场，学习新的技术，或树立企业形象，承担社会责任等。

为了全面评估组织绩效，需要将传统的财务定量评定和较抽象的定性评估相整合。Kaplan 和 Norton（1992）提出了平衡计分卡（Balanced Scorecard，BSC）的概念，提供了“一个将战略转变为行动的框架”。它从四个方面包括财务、顾客、内部过程、学习和成长对企业绩效进行度量，通过这四个方面的综合评价，使组织得以在短期和长期之间、预期结果和这些结果所需努力之间、定量指标和定性指标之间寻求平衡。通过十几年的发展，BSC 从一个绩效评估工具发展成为一个战略工具。战略管理研究的最新成果认为，组织必须用一个衡量架构连接其行动和组织战略。这个工具可以从绩效的度量中获得切实的价值，也意味着将含糊的战略理念转变成可以实施的行动计划。

本研究拟将 BSC 用于建筑业企业的项目群绩效评价中。这个工具可以将组织战略和具体的项目实施联系起来，可以帮助组织确定某一项目是否对组织的战略有所贡献以及贡献的方面和大小。更重要的是，通过 BSC 可以让项目群经理和项目团队了解项目对组织的贡献，有利于组织和项目群就项目的预期目标和优先等级方面形成共识，解决项目型组织中长期存在的两层分离问题。BSC 的另外一个好处是，它可以将一个十分复杂，通常难以定义的业务战略分解简化到可以度量的程度，可以让项目干系人和项目部成员了解他们对最终目标的贡献。

Kaplan and Nortan（1996）提出的 BSC 是用于组织层次，其实施是基于一个战略图。如果要将其应用到项目群层面，必须要做以下几个方面的调整：

①在项目群层面，BSC 的角色必须从衡量战略的实施情况转变到衡量项目群目标的实现，并且可以比较项目对于组织战略执行的预期影响。

②与仅仅着重描述商业战略不同，项目群层面的 BSC 必须识别项目目标和商业战略的交叉点，以及更有效地整合项目目标和组织战略。

③必须调整战略绩效衡量的方法，制定特定的、衡量项目的指标。

项目经理通过对 BSC 基本方面的观察，可以真正了解项目的成功对于组织的全面影响。这也有助于项目经理成功地与项目成员就项目目标和组织战略的关联进行沟通。

组织也需要明确实施项目的动机以及实现的时间。BSC 所收集的数据必须简单、实用，还要详细、准确。现有的项目管理工具应当继续使用，并从中获取需要的数据信息。

建立项目 BSC 应注意以下事项：

①尽量少于 20 个衡量指标，如果指标太多，数据的可利用性降低，指标太多不易管理，反而会增加测量的工作量，项目成员会认为这种衡量对于项目最终结果没有影响。

②衡量是对项目和组织的检查,而不是刻意获取武断的数据。

③标准的设置要随着项目的进展情况而变。如当项目的范围改变,或重新设置了目标,原有的计划已确定无法完成,这时就要重新制定衡量标准。

④组织每个层次的 BSC 要保持一致性。项目要与项目群的、组织的 BSC 具有一致性。

许多组织对于项目目标的衡量集中于"准时、预算内"完成,这是定量的而不是定性的考核,项目 BSC 主要有以下作用:

①对项目的价值有一个全面了解。

②项目所提供的收益满足组织商业要求的程度。

③更好地管理项目。

④提高组织项目管理能力。

项目群 BSC 的重点不是衡量一个具体的项目,而是衡量项目群对于组织战略的某方面的贡献。

本研究根据建设项目的特征,整合多篇与项目 BSC 相关文献(Wendy 2001; James and Derek 2004; Kaplan and Norton 1992,1996,2004a,2004b; Alexandros et al. 2005)。初步建立一套项目群管理 BSC 的衡量指标,在此基础上,又采用深度访谈法,访谈了五位建筑业企业的管理者,根据他们对衡量指标的意见,最终确定了项目群 BSC 的五个方面及其包含的指标,见表 7-1。

建筑业企业项目群 BSC 衡量指标体系 表 7-1

考虑的方面	目　标	衡 量 指 标
财务方面	①确保项目产出能够给企业带来价值; ②扩大销售增长、提高市场占有率	①利润率; ②内部收益率; ③资金回收率
顾客方面	①确保项目交付满足顾客要求; ②与关键顾客建立长期稳定的关系; ③为顾客创造价值	①顾客满意度(按时交付率); ②顾客信任度(顾客所占分额、合作工程数量); ③增值服务
内部流程方面	①通过项目的计划、控制来保证项目的成功; ②较好地控制项目风险; ③保证资源的合理配置; ④方便决策层参与关键资源的决策	①技术水平; ②项目风险控制效果; ③工程效率; ④项目预算差异(人工、材料、机械设备、管理成本等); ⑤关键资源的有效利用; ⑥安全事故率

续上表

考虑的方面	目　标	衡 量 指 标
组织学习和创新方面	①保持技术的领先； ②创造组织创新的环境，鼓励员工不断学习	①项目知识归集和整理； ②新技术、新材料、新工艺的应用比例（百分比）； ③员工技能的提高程度
社会责任方面	①环境管理已越来越重要； ②企业的社会责任体现的是企业的价值观和文化	①环境保护情况； ②项目的社会评价和影响

(1)财务方面

财务方面指标显示了项目群的执行是否为组织带来了利润的增加。一般来说，项目群贡献的衡量，可用标准财务指标来定义，典型的利润类测量指标包含利润率、成本降低率、内部收益率等，由于建设项目拖欠工程款比较严重，因此把资金回收率也作为一个重要的考核指标。

(2)顾客方面

项目群平衡计分卡方法的顾客方面，既要寻求项目交付的市场价值，同样也关注项目干系人特别是投资人和项目的受益者——顾客对于项目产出的满意程度。在许多情况下，项目投资人就是顾客。如前所述，项目的成功不仅是达到财务上的目标，更要让顾客认可项目提交物的质量，并在项目进行过程中为顾客提供增值服务，只有这样，才能保证组织在激烈市场竞争的环境下得到顾客的支持。这里借鉴市场营销学的研究成果，引入顾客满意度、顾客信任度等指标。其中顾客满意度体现项目群在为客户提供服务方面的质量、响应速度、承诺实现与效率（如项目在合同工期内完工等），其数据由客户服务满意度调查问卷获得。按时交付率由顾客来评判，指项目阶段提交物是否按时提交，并得到顾客认可；顾客所占份额指本组织承担某关键顾客（如某开发商）的工程量，占本组织业务在某一区域（如省、市）所有任务量的比例。

(3)项目/内部流程方面

以顾客为基础的测评指标十分重要，但它们必须成为项目群内部流程才能实现顾客预期的测评指标。这个方面主要考察来自对顾客满意度有最大影响的业务程序，包括工期、质量、雇员技能和生产率的各种因素。项目群还应努力确定和测量自己的核心能力，即为保证持久的市场领先地位所需的关键技术。这个方面应包括项目群的（关键）技术能力水平、工程实施的效率特别是项目群成员的生产率。特别对于建筑业企业来说,施工安全是一个重要指标,故而应包括安全事故率。在项目并行的情况下,项目间对共享资源的争夺是不可避免的,那么群间项目对关键资源的依赖程度(以需求时间为函数)、资源特别是关键资源的有效性,以防止资源过载,如员工的过度疲劳引发工程质量的下降和事故的发生,这些因素也必须加以考虑。成本方面的指标大多是明确清楚的,而风险控制的指标是不确定的。一般包括企业技术风险、操作风险、成本溢价风险等。

(4)组织学习和创新方面

为了适应商业环境的不断变革,组织应不断改善现有方法和技术,以保证项目群产出的结果能够符合顾客日益变化的需求。这个方面强调对顾客未来的需求的满足和为顾客创造更多的价值。因此需要加强对项目群的知识管理,使组织成员不断地学习,增进创新能力,继而转化成持续有效的组织竞争力。这方面应包括项目群实施过程中专业和管理知识的收集、积累和沉淀,也就是通常说的知识管理,而知识管理的关键在于组织成员能够方便检索和查询知识,从而提高知识库的利用效率、提高成员贡献知识的兴趣。在项目群内形成学习型的组织,有助于提高员工施工技能和熟练程度,并增强对应用新技术、新工具、新工艺的兴趣,形成创新的组织氛围。

(5)社会责任方面

社会责任这一观念认为,公司除了盈利之外,还应该对社会负责。Carroll(1979)认为企业管理者有四种责任:经济的、法律的、道德的、自愿的。这些责任如图7-1所示。企业首先必须盈利,以履行其经济责任;为了持续生存,它必须遵守法律,从而履行法律责任;公司履行好上述两种基本责任之后,就应当履行其社会责任,社会责任包括道德责任和自愿责任两个方面。

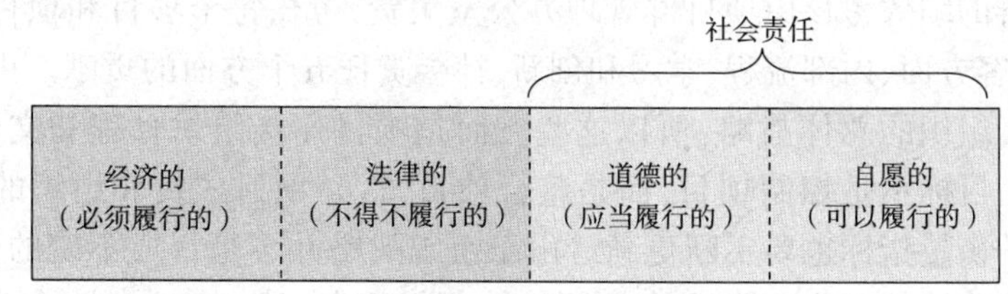

图7-1 企业社会责任❶

表7-1中的指标需要一些工具进行衡量,传统项目管理的一些工具都可以用

❶ 资料来源:Carroll A B. A Three Dimensional Conceptual Model of Corporate Performance[J]. Academy of Management Review,1979(10):499.

来衡量平衡计分卡的指标。一些常用的工具或方法如图 7-2 所示。

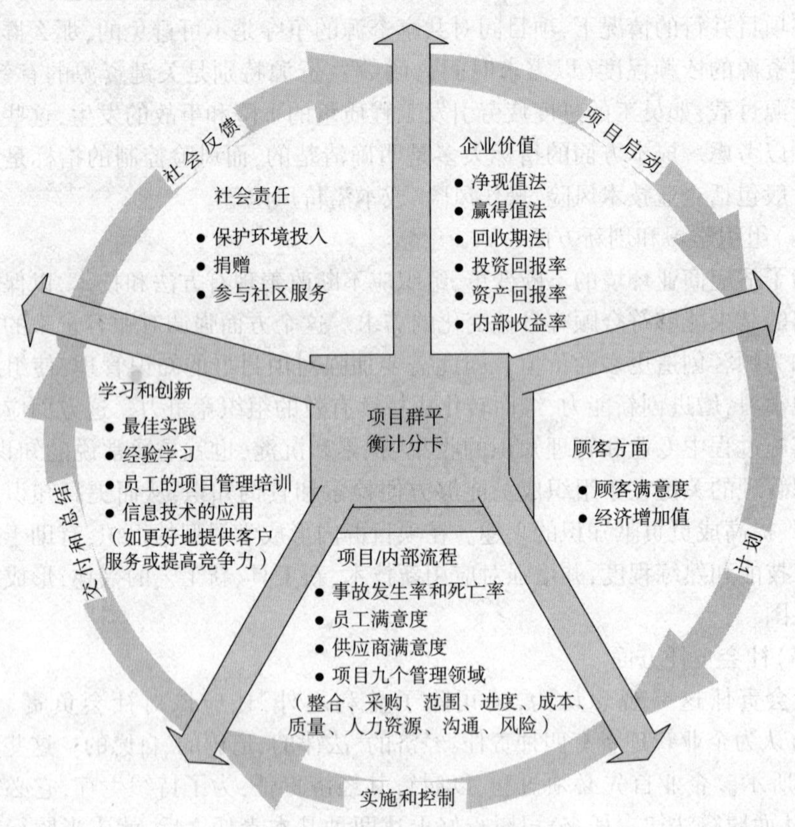

图 7-2 项目群管理平衡计分卡

项目群的绩效考核由项目群管理办公室负责，考核每个项目和项目群对企业的价值、顾客方面、内部流程、学习和创新、社会责任五个方面的贡献。由于每个方面都阐述了组织的总体战略，所以这些方面是项目连接组织日程和文化的途径。BSC 的真正目标不是控制项目，而是整合项目，这是项目成员和组织的战略和使命。其中的衡量指标也要不断更新。由于组织战略并不是一成不变的，它需要随着企业所处环境的变化而及时反应和调整，根据平衡记分法的精神，企业战略变化会导致 BSC 三个方面的变动：一是各测评指标之间相对重要性的改变，即权重的变动；二是测评指标的调整；三是计分卡中几个方面的调整，即企业具体目标的调整，如本研究增加的反映环境和社区方面的指标。当然，这三种变动的频率是递减的，而且后两者的变动必然引起第一项的变动。于是如何确定和调整权重就成了应用 BSC 一个重要问题，"到底从目前企业的战略出发，这些反应企业绩效的指标,哪些更重要?"这个问题只有企业内部的高层经理们才能回答,所以确定权重要对他们进行问卷调查,由他们在各个时期确定不同的权重。本研究将 BSC 应用于项目层面,所以确定权重要对高层经理和项目成员同时进行问卷调查,高层经理考虑公司所在的阶段,项目成员考虑的是项目的情况。关于 BSC 中各指标权重如何设定的问题 Robert S. Kaplan 并没有论述。但是,这一权重的设定又是绩效测评中一个重要的环节。考虑到以上要求,笔者认为应该引入 Fuzzy AHP 来解决这一问题。

7.3　项目群管理绩效模糊评价

7.3.1　评估方法的基础理论

对项目群管理绩效的评估具有模糊性。通常我们把实现的结果分为很好、较好、一般、较差、很差 5 个等级,但很难界定各等级的标准。事实上,这种等级的分类也只是人们主观意识的结果,分类本身就具有"模糊性",项目群管理绩效的影响因素也具有模糊性,并受到多种因素的影响。通常我们对于受到多种因素影响的事物的综合评估往往采用总分法或加权平均法。但在这两种方法中,相应于每一种因素都应有一个确定的评判分数。但在项目群管理绩效评估中,一些因素因具有模糊性而不能简单地用一个分数来评估。考虑到这些因素,可以采用模糊数学的综合评估方法(陈蔓生 1999)来对项目群管理绩效作定量的评估,下面逐一说明该方法的步骤。

①确定评估指标体系。项目群管理绩效的评估原则应是反映项目群内部项目管理能力的真实内涵。如图 7-3 所示评估指标体系中,主准则和分准则,他们相应为 $X=(X_1,X_2)$,其中 $X_1=(X_{11},X_{12},X_{13})$。

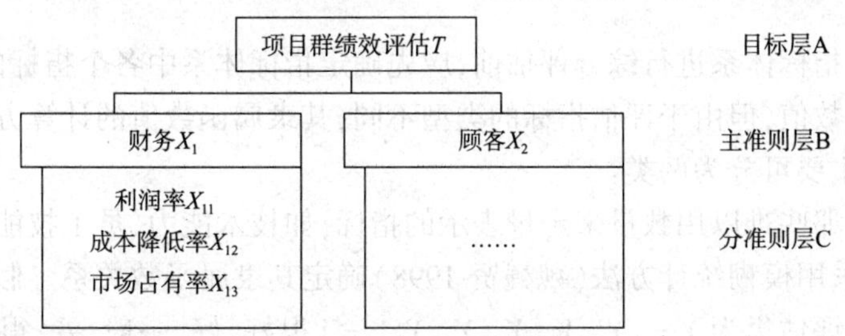

图 7-3　项目群管理绩效评估指标体系示例

②确定各指标层的权重,一般采用 AHP 法。如图 7-3 所示,含 X_1,X_2 的主准则

层 B 相对目标层 A 的权重分别为 B_1, B_2；分准则层 C 中各指标相对于主准则层 B 的权重分别为 W_1, W_2, W_3。

③确定评估项目群管理绩效的评语集 Y，$Y = \{Y_1, Y_2, \cdots Y_m\}$。

④针对主准则层 B 各评估指标 $X_i(i=1,2)$ 建立模糊评估矩阵 A_i。

a. 通过分准则层 C 各指标 X_{ij} 评估 B 层分类因素指标 X_i。若单独考虑 X_i 下的指标 X_{ij}，评判其隶属于第 t 个评语 $Y_t(1 \leqslant t \leqslant m)$ 的程度 Y_{ijt}，则可得 X_i 的模糊评估矩阵 R_i。其中，i 为各分类因素指标数目；n 为分准则层中评估指标数目，m 为评语集中评语数目。

$$R_i = \begin{bmatrix} \gamma_{i11} & \gamma_{i12} & \cdots & \gamma_{i1m} \\ \gamma_{i21} & \gamma_{i22} & \cdots & \gamma_{i2m} \\ \cdots & \cdots & \cdots & \gamma_{i13m} \\ \gamma_{in1} & \gamma_{in2} & \gamma_{in3} & \gamma_{n4m} \end{bmatrix}$$

b. 由 $A_i = W_i \cdot R_i$ 得到主准则层各指标的模糊综合评判集合 $A_i = (a_{i1}, a_{i2}, \cdots, a_{im})$，其中 $a_{it} = \bigcup_{t=1}^{m}(W_{ij} \cap \gamma_{ijt})$。

⑤计算评估对象的模糊评估矩阵 $\underset{\sim}{A}$。

$$\underset{\sim}{A} = (a_1, a_2, \cdots, a_m) = B * \begin{bmatrix} \underset{\sim}{A}_1 \\ \underset{\sim}{A}_2 \\ \underset{\sim}{A}_3 \end{bmatrix}，其中，a_j = \bigcup_{t=1}^{m}(B_j \cap a_{ij})。$$

⑥对 $\underset{\sim}{A}$ 作归一化处理，用模糊评估法对项目管理能力做出评估，也可将评语集 Y 中各类评语定标准分，求得项目管理能力模糊评估的最后得分。

7.3.2 评估指标的一致性处理

在利用指标体系进行综合评估前，应先确定指标体系中各个指标的评估值，即计算隶属函数值，但由于评估指标的类型不同，其隶属函数值的计算方法也会有不同。目前，主要可分为两类：

①对于那些难以用数量来定量表示的指标，如技术能力、员工技能的熟练程度等指标，可采用模糊统计方法（魏巍贤 1998）确定其隶属函数关系。假设评语由高到低组成的评估集为 $Y = \{Y_1, Y_2, Y_3, Y_4, Y_5\}$ = {很好，好，一般，差，很差}，模糊统计的做法是让参与评估的 n 个专家按事先规定的评估集 Y 给各评估因素划分等级，再依次统计各评估因素 X_{ij} 属于各评估等级 Y_t 的（$t = 1, \cdots, 5$）的频数 V_{ijt}，记

$\gamma_{ijt} = V_{ijt}/n$（其中 γ_{ijt} 表示评估因素 X_{ij} 隶属于 Y_j 等级的隶属度；V_{ijt} 表示 X_{ij} 隶属于 Y_j 等级的累加数）。

②对于评估指标体系中的数量指标，如利润、市场占有率等指标的隶属函数关系的确定方法又可分为正向型指标（越大越好型）和负向型指标（越小越好型）两种情况考虑。

a. 正向型指标，先根据统计数据确定该指标的最优、最差临界值 $a,b(a<b)$，再在区间 (a,b) 内插入三个等距离 $d[d=(b-a)/4]$ 的点 X_1、X_2、X_3，且 $X_4=b$，$X_0=a$。得出指标 U_{ij} 隶属于等级 V_j 的隶属度，如图7-4所示。

$$U_{ij}^{(1)} = \begin{cases} 1, u \geqslant b \\ (u-x_3)/d, x_3 \leqslant u < b \end{cases}$$

$$U_{ij}^{(i)} = \begin{cases} (x_5-i+1-u)/d, x_5-i \leqslant u < x_5-i+1 \\ (u-x_5-i-1)/d, x_5-i-1 \leqslant u < x_5-i \end{cases}$$

$$U_{ij}^{(5)} = \begin{cases} (x_1-u)/d, a \leqslant u < x_1 \\ 1, x<a \end{cases}$$

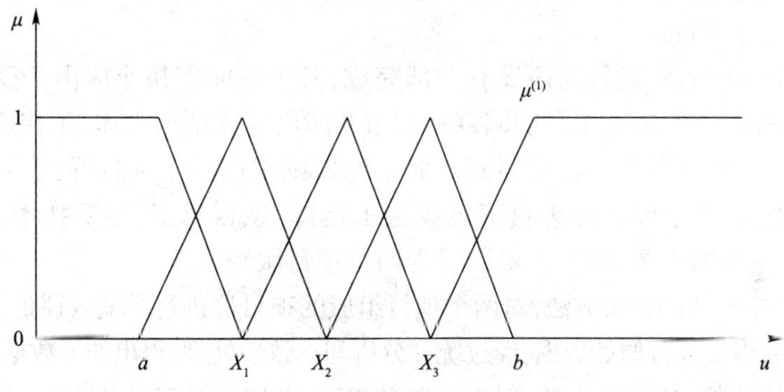

图7-4　正向型指标隶属函数曲线

b. 负向型指标，与上面的计算方法相类似，则指标 U_{ij} 隶属于等级 V_j 的隶属度为：

$$U_{ij}^{(1)} = \begin{cases} (x_1-u)/d, a \leqslant u < x_1 \\ 1, x<a \end{cases}$$

$$U_{ij}^{(i)} = \begin{cases} (u-x_{i-2})/d, x_{i-2} \leqslant u < x_{i-1} \\ (x_i-u)/d, x_{i-1} \leqslant u < x_i \end{cases}$$

$$U_{ij}^{(5)} = \begin{cases} 1, u \geqslant b \\ (u-x_3)/d, x_3 \leqslant u < b \end{cases}$$

7.4 绩效评价案例分析

NTH 集团公司上海分公司承接到明园集团开发的两个项目，明园安桥花园和明园森林都市花园。

明园安桥位于上海市徐汇区，东临城市主干道中山西路，西抵规划道路柳州路，北侧为上海科学楼办公区，南侧为已建成的住宅小区。工程由九栋 16～18 层高层住宅组成，另有会所、商业以及变电站、有机垃圾处理站、煤气调压站等配套公建，此外沿基地外围道路下设置一环状地下汽车库。地上总建筑面积 83 202m^2，地下总建筑面积 12 929.8m^2，小区分两期开发，本期共有 1 号、2 号、8 号、9 号、10 号五幢高层住宅建筑，一个地下车库，以及变电站、有机垃圾处理站、煤气调压站等配套公建，地上总建筑面积 40 188m^2，地下总建筑面积 9 500m^2。

明园森林都市花园一期住宅基地位于上海市闸北区共和新路 2 999 号地块内，北侧为永和路，东侧为规划路，西侧为第一橡胶机械厂，南侧隔河道为上海四方锅炉厂，占地总面积 41 690m^2。本次施工的是 6 号～10 号楼及地下车库，总建筑面积为 81 223.00m^2。

这两个小区的建设目前还没有全部完成，其中明园安桥小区由于受到拆迁的影响，有两栋楼房无法施工。明园森林都市花园已完成结构主体，正在进行装饰施工。如果我们把这两个项目按照同一业主的原则组成一个项目群，由刘先生担任项目群经理，由两个施工经理负责现场施工指挥，项目总工、主要技术人员（如预算、试验等）、采购人员、财务人员同时为两个项目服务。

应用本书构建的评价方法，对两个项目组成的项目群进行了绩效评价。通过问卷调查和走访，得出部分原始数据，经过统计分析和一致性处理，得出如下数据，见表 7-3。

其中利润率、内部收益率、资金回收率、安全事故率是定量的指标，为了便于计算，先按照 7.3.2 中的方法进行了一致性处理（其上下限区间见表 7-2），转化成了相对于评语集 $Y=\{$很好，好，一般，差，很差$\}$的隶属度。而其他定性指标，则是通过在专家评定的基础上做统计分析的结果（参见 7.3.2 中的方法）。

利用层次分析法，得出 X_1, X_2, X_3, X_4, X_5 相对于绩效评估目标 T 的权重向量 $W=\{0.2, 0.15, 0.25, 0.25, 0.15\}$；$X_{11}, X_{12}, X_{13}$ 相对于 X_1 的权重向量 $W_1=\{0.5, 0.3, 0.2\}$；X_{21}, X_{22}, X_{23} 相对于 X_2 的权重向量 $W_2=\{0.6, 0.3, 0.1\}$；$X_{31}, X_{32}, X_{33}, X_{34}, X_{35}, X_{36}$ 相对于 X_3 的权重向量 $W_3=\{0.2, 0.1, 0.3, 0.1, 0.2, 0.1\}$；$X_{41}, X_{42}, X_{43}$ 相对于 X_4 的权重向量 $W_4=\{0.5, 0.3, 0.2\}$；X_{51}, X_{52} 相对于 X_5 的权重向量 $W_5=\{0.5, 0.5\}$。

定量指标的上下限　　表7-2

指标名	上　限	下　限
利润率	1.00%	7.00%
内部收益率	3.00%	7.00%
资金回收率	50.00%	90.00%
安全事故率	0.10%	0.30%

案例指标的隶属数据表　　表7-3

序号	指标名	很好	好	一般	差	很差
1	利润率	33.33%	66.67%	0	0	0
2	内部收益率	0	0	100.00%	0	0
3	资金回收率	0	0	0	50.00%	50.00%
4	顾客满意度	0.4	0.3	0.2	0.1	0
5	顾客信任度	0.3	0.3	0.2	0.2	0
6	增值服务	0.4	0.2	0.1	0.3	0
7	技术水平	0.2	0.3	0.2	0.2	0.1
8	项目风险控制效果	0.2	0.2	0.2	0.2	0.2
9	工程效率	0.4	0.4	0.2	0	0
10	项目预算差异	0.3	0.3	0.2	0.2	0
11	关键资源的有效利用	0.5	0.3	0.2	0	0
12	安全事故率	0	100.00%	0	0	0
13	项目知识归集和整理	0.4	0.4	0.2	0	0
14	新技术、新材料、新工艺的应用	0.3	0.2	0.2	0.2	0.1
15	员工技能的提高程度	0.3	0.3	0.3	0.1	0
16	环境保护情况	0.1	0.3	0.2	0.3	0.1
17	项目的社会评价和影响	0.3	0.2	0.3	0.2	0

分别对 X_1, X_2, X_3, X_4, X_5 建立模糊评价矩阵 B_1, B_2, B_3, B_4, B_5。

$$B_1 = \begin{pmatrix} 0.3333 & 0.6667 & 0 & 0 & 0 \\ 0 & 0 & 1 & 0 & 0 \\ 0 & 0 & & 0.5 & 0.5 \end{pmatrix}; B_2 = \begin{pmatrix} 0.4 & 0.3 & 0.2 & 0.1 & 0 \\ 0.3 & 0.3 & 0.2 & 0.2 & 0 \\ 0.4 & 0.2 & 0.1 & 0.3 & 0 \end{pmatrix};$$

$$B_3=\begin{pmatrix}0.2 & 0.3 & 0.2 & 0.2 & 0.1\\ 0.2 & 0.2 & 0.2 & 0.2 & 0.2\\ 0.4 & 0.4 & 0.2 & 0 & 0\\ 0.4 & 0.4 & 0.2 & 0.2 & 0\\ 0.5 & 0.3 & 0.2 & 0 & 0\\ 0 & 1 & 0.2 & 0 & 0\end{pmatrix};B_4=\begin{pmatrix}0.4 & 0.4 & 0.2 & 0 & 0\\ 0.3 & 0.2 & 0.2 & 0.2 & 0.1\\ 0.3 & 0.36 & 0.3 & 0.1 & 0\end{pmatrix};$$

$$B_5=\begin{pmatrix}0.1 & 0.3 & 0.2 & 0.3 & 0.1\\ 0.3 & 0.2 & 0.3 & 0.2 & 0\end{pmatrix}$$

$$\text{则}:A=\begin{pmatrix}W_1\cdot B_1\\ W_2\cdot B_2\\ W_3\cdot B_3\\ W_4\cdot B_4\\ W_5\cdot B_5\end{pmatrix}=\begin{pmatrix}0.1667 & 0.3333 & 0.3000 & 0.1000 & 0.1000\\ 0.3700 & 0.2900 & 0.1900 & 0.1500 & 0\\ 0.3100 & 0.3900 & 0.1800 & 0.0800 & 0.0400\\ 0.3500 & 0.3200 & 0.2200 & 0.0800 & 0.0300\\ 0.2000 & 0.2500 & 0.2500 & 0.2500 & 0.0500\end{pmatrix}$$

目标 T 对于 Y 的隶属集为 $W\cdot A=(0.2838\quad 0.3252\quad 0.2260\quad 0.1200\quad 0.04500)$,可知通过项目群管理的方式,其管理绩效属于评语“好”以上的隶属度为0.609,项目群管理绩效令人满意。

为了进一步了解项目群管理与单个项目管理的绩效差别,本研究选择该公司承担的、实施单个项目管理的项目进行对比。该公司曾于 2000 年 11 月承建上海明园世纪城,该项目业主为上海明园集团,与前一个案例是同一个业主。

上海市明园世纪城(二期)位于上海复兴中路以南,嘉善路以西的地块上,是一座集地下车库、商场、办公、住宅于一体的高层建筑,由地下一层、地上一幢 25 层、一幢 21 层以及 5 层相关裙房所组成,1 ~5 层裙房为商场、办公,6 层以上为高级住宅及办公楼。工程总建筑面积 50 191m^2,建筑物总高度 89m。该项目于 2000 年 11 月开工,2002 年 8 月竣工。为了获得相关数据,笔者通过访问当时的项目负责人员,通过调查和查找项目资料等方式整理数据表见表 7-4。

对比案例指标的隶属数据表 表 7-4

序号	指 标 名	很好	好	一般	较差	最差
1	利润率	0	0	33.33%	66.67%	0.00%
2	内部收益率	0	0	0.00%	50.00%	0.5
3	资金回收率	0	0	90.00%	10.00%	0.00%
4	顾客满意度	0.5	0.2	0.3	0	0
5	顾客信任度	0.1	0.3	0.4	0.2	0

续上表

序号	指　标　名	很好	好	一般	较差	最差
6	增值服务	0.5	0.2	0.2	0.1	0
7	技术水平	0	0.4	0.4	0.2	0
8	项目风险控制效果	0.1	0.2	0.3	0.2	0.2
9	工程效率	0.2	0.3	0.4	0.1	0
10	项目预算差异	0.3	0.3	0.2	0.2	0
11	关键资源的有效利用	0.2	0.3	0.3	0.1	0.1
12	安全事故率	0	0	60.00%	40.00%	0.00%
13	项目知识归集和整理	0.1	0.3	0.2	0.2	0.2
14	新技术、新材料、新工艺的应用	0.2	0.2	0.3	0.2	0.1
15	员工技能的提高程度	0.2	0.3	0.4	0.1	0
16	环境保护情况	0.1	0.4	0.2	0.3	0
17	项目的社会评价和影响	0.3	0.3	0.2	0.1	0.1

通过综合运算，目标 T 对于 Y 的隶属集为：

$$W \cdot A = W \cdot \begin{pmatrix} 0 & 0 & 0.3467 & 0.5033 & 0.1500 \\ 0.3800 & 0.2300 & 0.3200 & 0.0700 & 0 \\ 0.1400 & 0.2800 & 0.3700 & 0.1700 & 0.0400 \\ 0.1500 & 0.2700 & 0.2700 & 0.1800 & 0.1300 \\ 0.2000 & 0.3500 & 0.2000 & 0.2000 & 0.0500 \end{pmatrix}$$

$$= (0.1595 \quad 0.2245 \quad 0.3073 \quad 0.2287 \quad 0.0800)$$

可以看出，应用单项目管理的方式，其管理绩效评价为“好”以上级别的隶属度为0.384。从项目管理的角度出发，应该说是成功的，主要表现在，客户满意度较高，提供的增值服务比较到位。这对以后承接同一业主的项目是起到了关键作用，但其工程运行效率，关键资源的合理利用，项目知识的传播上有较多欠缺，这些因素造成了其整体绩效不如第一个案例。这个可以从数据上看出，最终“好”以上的评价结果两者相差 22.5 个百分点。

从具体的指标上看，项目群管理在顾客方面存在一定的问题。调查结果显示，与实施单个项目管理相比，实施项目群管理的项目顾客满意度有所降低，这可能是由于要同时为多个项目服务，项目群团队的服务水平有所下降，这是项目群管理需要改进的方面。

通过以上两个案例的比较，我们可以得出这样的结论：项目群管理在财务、流程和学习与创新方面有很大的优势，不但可以提高工程实施的效率、关键资源的利用率，还能促进项目团队整体技能的提高，最终实现工程项目利润率提高和内部收益率的改善。但在实现组织资源共享的基础上，需要注意提高为顾客服务的质量。

7.5 本章小结

本章是对项目群管理绩效评价方法和体系的研究。首先讨论项目群管理绩效考核的内容和现有的评价方法。进而将用于战略管理绩效评价的平衡计分卡用于项目群层面，并增加了社会责任方面的指标，建立了基于平衡计分卡的项目群管理绩效评价体系。最后通过两个案例对比研究，验证了项目群管理效果，并指出了其存在的问题。

第8章　项目群管理案例研究

8.1　省会文化艺术中心项目背景介绍

省会文化艺术中心是济南市迎接2013年第十届中国艺术节(以下简称“十艺节”)召开,在济南西客站片区核心区规划建设的大型工程项目群。文化中心地处西客站核心区城市功能轴与腊山河生态休闲轴的交汇区域,是以大剧院、图书馆、美术馆、群众艺术馆、影城、书城等六大功能为主的城市文化活动中心,是西部新城中心节点上的地标性建筑。文化中心的建设将提升省会济南的城市品位和档次,成为全市标志性建筑和文化亮点,使济南市成为全省的文化中心。

省会文化艺术中心由大剧院、三馆、配套高层、市政设施、腊山河景观等五大工程组成,其中大剧院包括1 800座的歌剧厅、1 500座的音乐厅、500座的多功能厅以及排练厅、新闻发布厅、贵宾室等辅助功能活动区域,建筑面积约13.6万平方米;三馆包括图书馆、美术馆、群众艺术馆以及书城、影城商业设施,建筑面积约30万平方米;配套高层工程包括五星级酒店、写字楼、酒店式公寓三座高层建筑以及裙房、地下车库,建筑面积约38万平方米;市政设施包括周边道路、市政管线、地下通道、地铁预留等;腊山河景观工程包括河道整治、景观绿化等。详细项目结构分解如图8-1所示。

省会文化艺术中心的总体建设规模达82万平方米,工艺复杂,特殊功能要求多(如舞台、灯光、音响等),技术难度大,但建设目标非常明确,即在确保质量、安全的前提下,2013年8月底必须全部完成,以满足“十艺节”开幕式及演出使用要求。根据国内同类项目建设经验,即使不含其他场馆和配套高层,仅大剧院工程的建设周期就需要五年左右的时间,而本项目自确定概念方案到竣工使用只有三年的时间,工期成为参建各方必须克服的最大难题。除此之外,还面临中外设计沟通障碍、缺乏同类项目经验、工作界面复杂、参建单位众多等种种困难。很显然,按照传统的工作方式,无法完成这项复杂的工程。本工程引入以“项目利益”为核心的项目群管理理念,对提高管理效率、保障投资效益及完成项目目标起到了重要作用。

①将五大工程集群管理,构建省会文化艺术中心项目群,成立项目群管理中心。管理中心的主要任务是面向项目目标的管控,即通过对各参建单位的管理实

现整个项目群的投资、进度、质量、安全目标的实现，既要突出重点，又要注重项目之间的关联，做好项目之间的平衡，避免顾此失彼，影响项目群整体目标的实现。

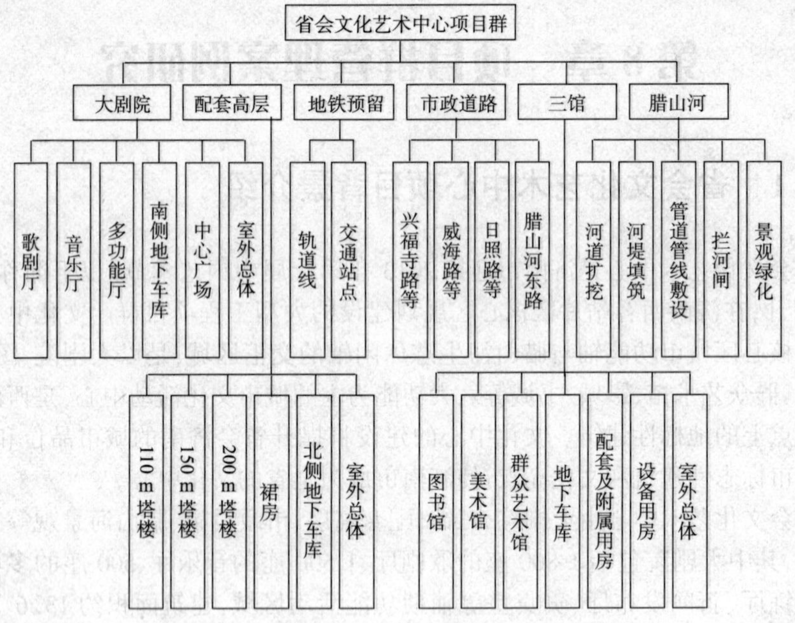

图 8-1　省会文化艺术中心项目群结构分解图

②构建由“虚拟的政府指挥部 + 实体的项目法人 + 专业的项目总体管理”组成的指挥调度中心。政府指挥部负责项目功能、方案等重大决策，并为项目提供良好的外部环境及处理与政府相关部门的关系；项目法人是实际的出资人，行使具体的指挥调度职能；项目管理公司以专业的知识和管理技能，为业主提供总体咨询服务，提出咨询建议并跟踪落实。

8.2　省会文化艺术中心项目群服务导向型管理组织结构

在对现有建设工程项目管理组织模式进行对比分析的基础上，结合对项目管理服务导向型组织模式的概念和内涵的深入分析，运用服务科学先进理念和指导思想对基于服务科学理念的项目管理服务系统进行了分析，构建了由项目维、管理维与服务维组成的一个三维立体空间结构的项目群管理服务导向型组织模式，如图 8-2 所示。

项目维，所反映的内涵是项目群中各项目的系统关联，本项目群涵盖大剧院、配套高层、三馆、市政配套和环境景观等五大项目。这些项目的关联包括：总体满足十艺节的开幕和演出的功能需求、实现项目群区域的建筑围合效果、统一组织地上道路和地下通道的交通，以及对供水、供电、供暖、燃气、能源中心等市政系统的整体规划和实施。

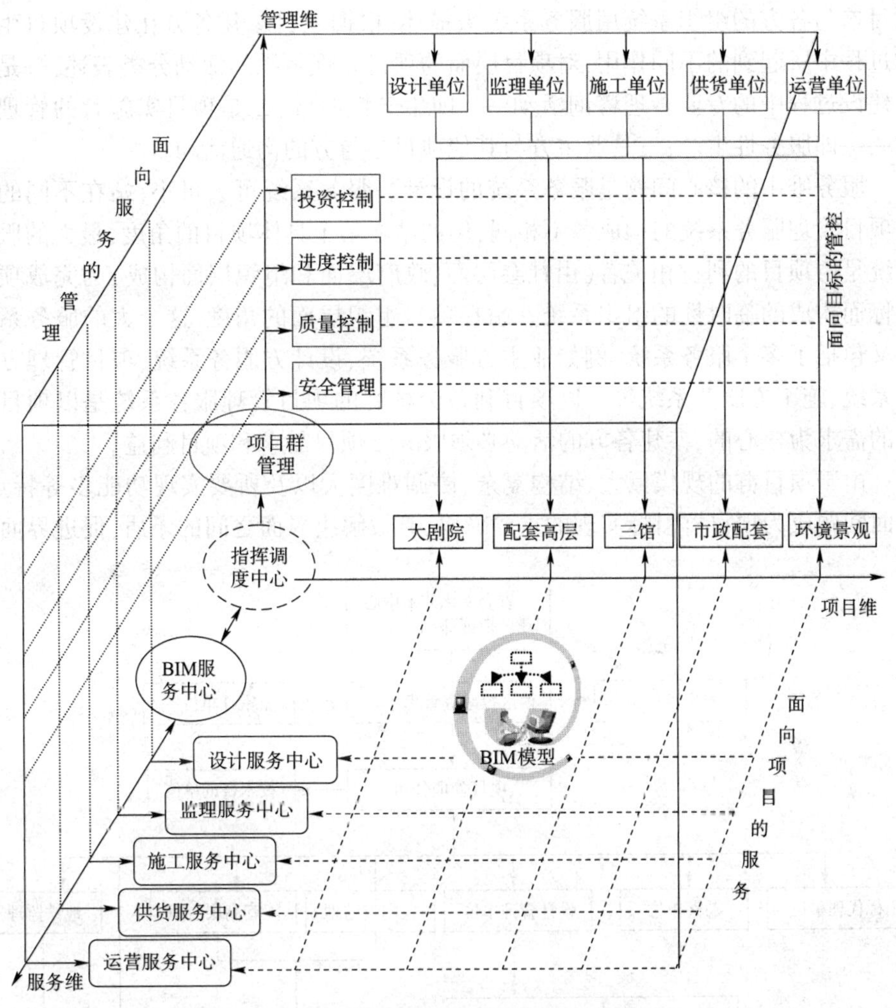

图8-2　省会文化艺术中心项目群服务导向型管理组织结构图

管理维，本项目群管理组织结构为“指挥调度中心＋项目群管理中心”。指挥调度中心由“虚拟的政府指挥部＋实体的项目法人＋专业的项目总体管理”组成，实施项目群宏观战略的管控，是整个项目群管理的枢纽和中心。项目群管理中心主要职能是面向项目群四大目标的管理，即进度目标、成本目标、质量目标和安全目标的管理，管理对象为由项目群与项目参与法人组成的服务系统。

服务维，由“指挥调度中心 + BIM 服务中心”组成，一方面实施面向项目的服务——即满足项目的需求，通过对项目需求分析，匹配组织的服务系统；另一方面实施面向服务的管理——即管理的创新，借鉴服务科学的先进理念和研究成果，将项目参与各方的组织系统用服务系统来描述，根据项目参建各方在建设项目生产的过程中所起到的不同作用，对项目层面的项目管理组织的活动分类表述，一是项目建设过程中的专业管理咨询活动——即生产性服务；二是项目实施者的管理活动——即服务性生产；三是业主方与其他项目参与方的沟通活动。

服务维中的核心问题是服务系统的设计。服务系统可大可小，站在不同的角度项目管理服务系统的构成各不相同，例如站在某个具体项目的角度，最大的服务系统是由项目的利益相关者（由社会层面、政府层面和组织层面构成）为完成项目目标而构成的临时性的组织系统。站在项目组织层面的角度，这个大的服务系统中又包括了多个服务系统，例如业主方服务系统、设计方服务系统、项目管理方服务系统、施工方服务系统等。以项目利益为核心的项目管理服务系统是以项目系统的需求为核心的，参建各方的活动必须服务于项目需求和项目利益。

由于项目群的规模巨大、结构复杂、协调难度大以及所要实现功能多等特点，界面问题成为项目群目标实现的重要障碍，有效解决界面之间的矛盾，促进界面之

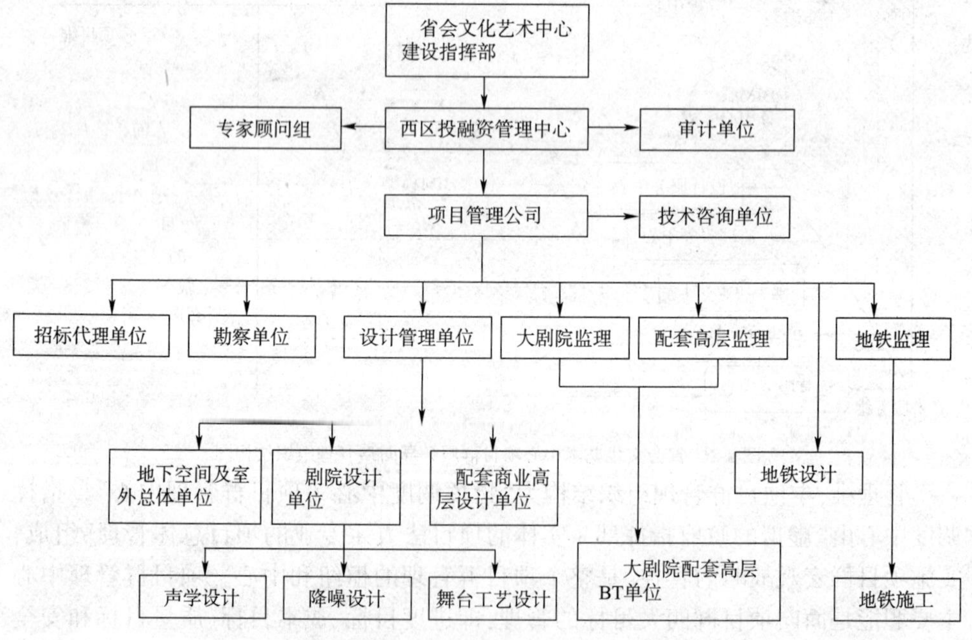

图 8-3　文化中心项目群管理实施组织结构图

间的沟通和协作，实现项目群管理价值的最大化，是业主项目群界面管理的重要目标。省会文化艺术中心项目群在设计前期就考虑了界面管理问题，包括通过设计总负责、施工总承包以及以实现项目必要功能为导向的区域划分等方式来实现界面管理，不仅减少业主的协调和管理工作，而且从总体上减少了成本开支。本项目群的实施组织结构图如图 8-3 所示。

第9章　结　束　语

本研究始于这样的问题:建筑业企业如何改进其管理方式,以提高企业收益,摆脱目前高产值、低收益的尴尬局面？面对众多的潜在答案,本书从分析其应用的主流管理工具——项目管理开始,指出传统工程项目管理存在的局限性,并将在其他行业取得成功的项目群管理模式引入建筑业,结合建筑业特点和我国建筑业企业的现状,全面阐述了项目群管理理论在建筑业的适用性和必要性,并提出了具体的实施方法。

事实上,基于项目的建筑业企业的管理当前主要面临两个方面的问题:在项目层次,其生产流程关注的重点是单个项目的结果;而在公司层次主要关注对项目行政管理方面的支持。这就导致了企业内项目层面与组织层面的分离,没有关注项目和战略之间的连接,以及项目之间的相互影响,同时很多项目型企业在战略管理上也没有投入足够的注意力。本研究试图能唤起企业对这方面的重视。

本研究的总体结论是:企业项目群管理通过整合项目和企业资源,实现组织战略目标,最终获得收益最大化。为了成功实施企业项目群管理,领导者必须策划一个项目组合管理的方法,使组织的资源得到充分、高效利用。企业项目群管理要有正确的工具,适当调换组织流程和设立负责项目统筹和协调的部门是实施企业项目群管理的组织基础。项目优先级选择有利于实现组织战略和项目目标的连接,而资源在多个项目之间的优化配置和共享才是项目集群管理协同效应出现的真实原因,因此,在项目群管理实施过程中,要重点关注多项目之间的关联和动态性。企业项目群管理成功实施的最终结果是组织的项目管理文化传递到各个项目,以支持组织战略的实现。

9.1　理论贡献

长期以来,研究者一直把项目群管理作为传统项目管理理论的一个更高层次,做了大量的管理理念上的论述。然而,正如第二章所述,作为企业战略和项目之间的"桥梁",项目群管理的技术和方法既没有被很好理解,也缺乏具体的实施方法。如项目群就是大型项目,使用项目管理方法管理项目群。本书的观点是:项目群管理不仅是为了克服传统项目管理的局限,更重要的是为了组织战略的实现,是战略

管理和项目管理的有机结合。然而,项目和项目群二者并不是只选其一,而是在创造公司的总体利益中形成互补关系。如果一个公司实施着多个项目,如果没有一个完善体系来统一所有项目的目标,会造成项目之间的恶性竞争,进而损害公司的整体利益。

多个项目集群管理的最终目标是对协调效应的追求,是为了实现组织价值的最大化。因此,本书的理论贡献之一在于:利用协同(Synergy)思想定义项目群管理,揭示了项目集群管理的根本动因,并进一步指出了协同效应产生的主要原因是项目实施流程的改善和组织核心资源的有效配置和共享。

本书的另一理论贡献在于:构建了建筑业企业项目群管理实施的概念模型。由于多数项目群没有明确的结束时间,采用类似研究项目生命周期的方法来研究项目群显然是不合适的。本书将研究的重点放在项目群实施活动上,主要包括对项目群管理的组织、项目群中项目的选择、多项目的计划和资源动态配置以及项目群管理绩效的评价方面。无论项目群管理经历多少次循环,其每次循环所包含的实施活动总是相似的,这也是本研究重点关注实施活动的主要原因,因而,本研究提出的实施模型是对其他基于项目群线性生命周期模型的重大改进。

9.2 实践价值

本书的实践价值在于:提出了实施项目群管理的具体步骤和方法,为建筑业企业实施项目群管理提供了一个“路线图”和工具。

构建了建筑业企业项目群管理的组织体制。项目群管理办公室的设立有利于组织实施多个项目的协同管理,作为资源中心实现多个项目知识和资源的共享,并有利于组织学习和知识管理。探讨了多个项目之间沟通和协调的运行机制。

项目选择主要是为了避免图1-4 所示的“鲸曲线”现象的出现。由于项目选择指标中包括大量的定性指标,本书选用了有约束的 Fuzzy AHP 评价方法,确定备选项目的优先等级,为项目选择提供决策支持。

与管理单个项目相比,项目群管理的重要特征表现在多个项目的资源共享和项目之间的相互影响,以及这些因素的动态变化方面。本书应用系统动力学,建立多项目共享和单个项目模型,并整合基于资源约束理论(TOC)的关键链项目管理(CCPM),建立多项目进度计划和资源配置综合模型。应用 CCPM 可以基于关键资源(本书中主要指人力资源)编制进度计划网络,通过控制平台将项目活动的开始日期传达到系统动力学模型,借助计算机模拟多项目的实施情况,根据结果,管理者可以了解多个项目之间的影响关系,并通过情景变化,了解管理决策对整个项目群环境的影响。

任何管理方法的有效性都要通过最终实现的绩效来评价。由于项目群管理的最终目标是组织战略的实现,因此,项目管理绩效评价的方法不能直接用来评价项目群的绩效。本书应用平衡计分卡,将组织战略分解为财务、顾客、项目/内部流程和社会责任五个方面,建立了项目群管理平衡计分卡评价指标体系,以全面评价项目群和项目对组织战略的贡献。同样,由于大量定性指标的存在,因此,引入 Fuzzy AHP 方法进行评价。本研究的结果同时证明,组织内的项目之间并不是一种“零和”游戏,通过集群管理资源和知识共享,可以实现超过项目单独管理收益总和的额外收益(协同效用)。

9.3 进一步研究方向

企业项目群管理的推行对组织的战略实施提供了有效的方法和先进的管理理念,但由于当前这方面的研究还处于起步阶段,项目群管理的理论还不完善,还缺少切实可行的实施方法,这限制了项目群管理理论的推广,因此也有其局限性。主要表现在以下几个方面:

①企业项目群管理会对组织原有的生产流程和文化产生冲击,如果组织高层不能很好地认识组织的现状,一味追求全面、高标准地强制推行,将会造成组织混乱。

②项目优先级的标准确定非常困难,特别是指标的量化有待进一步的研究探讨。当组织的选择同社会、政治、法规发生冲突时,无疑会做出让步,这对标准的严肃性是一个考验。

③信息技术是实施企业项目群管理的重要工具,表现了企业项目群管理的先进性,同时也是它的局限性,对组织的整体素质要求较高,限制企业项目群管理的推广。

④目前对企业项目群管理的成熟度还没有一个评定的标准,有人借助 OPM3 模型对其分级,其可行性有待进一步研究。

就本研究而言,还存在很多问题,有待进一步的研究:

①本研究提出的实施模型有待进一步的实证检验,由于难以找到这类案例,文中案例仅来自一个企业,这在一定程度上限制了案例的说服力,因此有待进一步的实证。

②本书仅给出了多项目计划和资源配置的系统动力学和 CCPM 整合的概念模

型，进一步的计算机模拟有待深入研究。

③最具挑战性的是对多项目、多组织的研究，如图 1-3 所示。本书基于一个组织、多个项目，传统项目管理是基于一个项目、多个组织，事实上，多项目、多组织的研究一直是个“黑箱”，而这才是建设项目和建筑业企业所处环境的真实描述，有待进一步研究。

附　录

附录A　项目群管理调查问卷

您好！

首先感谢您参与本次调查，本次调查是为本人博士论文《建筑业企业项目群管理模式研究》提供基本数据。您的意见将作为进一步研究的基础，请您填入的您的真实想法。由于研究经费不足，本次调查是无偿的。作为回报，如果您对本课题感兴趣，并想进一步了解调查结果，请您发 Email 到：forresterfu@ yahoo. com. cn ，随着研究的进展，我会将结果及时奉上，以感谢您参与本次调查。

同济大学经济与管理学院：傅道春

调查说明：

1. 本次调查不会泄漏您的个人隐私，请您如实回答；

2. 请联系您的工作实际填写或选择；

3. 没有标注的请选择一项。

您的基本情况：

您的年龄？

A. <25　　B. 25 ~ 35　　C. 35 ~ 45　　D. >45

从事建设项目管理的年限：________。

现在从事的工作和职位？

A. 公司经理

B. 项目经理、分公司经理

C. 项目副经理、项目总工、技术负责人

D. 项目部成员

您同时管理过多个项目吗？

没有________，

有________，管理多项目的年限________。

基本问题：

1. 您现在同时管理几个项目？（或在为几个项目服务？）

A. 1　　B. 2 ~ 3　　C. 4 ~ 8　　D. >9

2. 您认为管理多个项目和管理单个项目?

A. 没有什么不同

B. 有不同,但管理方法一样

C. 有不同,需要不同的管理方法

D. 其他________

3. 当您管理多个项目时,组织是否会为您增派助手(如项目副经理、经理助理等)?

A. 会　　B. 不会

这些助手对您有没有帮助?

A. 没有,反而不利于我工作的开展

B. 有帮助,但作用不大

C. 帮助很大

D. 主要靠他们,离开他们我将寸步难行

4. 如果将多个项目集群管理,您认为应该按照下列哪些标准归类较好?(请选两项)

A. 同一地点　　B. 同一个业主

C. 使用相似的技术　　D. 共享一种资源

E. 同一市场定位　　F. 其他____________

项目群的组织:

5. 您所在的公司有没有设立专门的多项目管理机构,如项目管理办公室、卓越中心等?

A. 有　　B. 没有

6. 在多个项目间协调,哪一种方式最有效?

A. 项目经理直接直接协调

B. 通过管理多个项目经理的主管经理协调

C. 通过职能部门经理协调

D. 工程师之间直接协调

7. 您所承担的项目结束时,有没有进行项目总结?

A. 没有,因为太忙,马上承担下一个项目

B. 没有,没有人要求这么做

C. 有,主要是管理方法总结

D. 有,主要是技术总结

8. 您现在使用的项目管理软件？

A. Microsoft Project　B. 梦龙　C. P3　D. 其他＿＿＿＿＿＿

这个软件能否用于管理多个项目？

A. 能　　B. 不能　　C. 不知道

如果能用于多项目管理，你使用过吗？

A. 用过　　B. 没有

项目选择：

9. 您所在的公司，谁最终决定是否参与一个项目的投标？

A. 公司领导

B. 公司职能部门（如市场部，经营部等）

C. 项目经理（或准项目经理）

10. 您对项目选择的态度？

A. 现在是"僧多粥少"，没有选择余地

B. 应该有选择。

11. 在选择项目时，您考虑的主要因素是？（请选择4项）

A. 项目所在地环境、政策的影响；　B. 业主的信誉；

C. 项目预期赢利；　D. 项目技术要求；

E. 项目风险；　F. 与公司现有项目资源共享；

G. 项目的持续时间；　H. 社会影响

12. 在选择项目时，您决策的支持工具是？

A. 凭经验、感觉

B. 项目预算编制

C. 集体决策，用专家打分方法

D. 模糊评价

13. 您所在的公司中，项目之间有没有优先等级的不同？

A. 有　　B. 没有

如果有，评定的标准是什么？

A. 项目大小

B. 合同工期要求，最急的项目最优先

C. 项目资金情况

D. 领导关心的项目优先

计划和资源配置：

14. 您现在使用的项目进度计划工具？（可多选）

A. 甘特图(横道图)　B. 网络计划

C. 计划评审技术　　D. 关键链方法

E. 其他____________

15. 您对网络计划(CPM,PERT)的看法?

A. 太复杂,不实用

B. 可用于大型项目,小型项目不用

C. 非常有用,项目进度计划的主要工具

16. 您认为员工加班的最大忍耐度是多少天?

A. <7 天　B. 7～15 天　C. 15～40 天　D. >40 天

17. 作为多个项目负责人,您主要的工作是?

A. 项目内部协调

B. 协调项目外部关系

C. 协调项目之间的关系

D. 其他____________

18. 如果项目进度落后于合同要求,您经常采取的加快进度的方法是?(可多选)

A. 增加人员　　B. 员工加班　　C. 其他____________

19. 在多项目环境下,一个项目的拖延是否会对其他项目造成影响?

A. 会　　B. 不会

附录 B　项目群平衡计分卡绩效评价指标评价

财务方面(X_1)

1. 利润率 x_{11}；
2. 内部收益率 x_{12}；
3. 资金回收率 x_{13}；

顾客方面(X_2)

4. 顾客满意度 x_{21}；　(很好　好　一般　差　很差)
5. 顾客信任度 x_{22}；　(很好　好　一般　差　很差)
6. 增值服务 x_{23}；　(很好　好　一般　差　很差)

项目/内部流程方面(X_3)

7. 技术水平 x_{31}；　(很好　好　一般　差　很差)
8. 项目风险控制效果 x_{32}；　(很好　好　一般　差　很差)
9. 工程效率 x_{33}；　(很好　好　一般　差　很差)
10. 项目预算差异 x_{34}；　(很好　好　一般　差　很差)
11. 关键资源的有效利用 x_{35}；(很好　好　一般　差　很差)
12. 安全事故率 x_{36}；

学习和创新方面(X_4)

13. 项目知识归集和整理 x_{41}；　(很好　好　一般　差　很差)
14. 新技术、新材料、新工艺的应用 x_{42}；(很好　好　一般　差　很差)
15. 员工技能的提高程度 x_{43}；　(很好　好　一般　差　很差)

社会责任方面(X_5)

16. 环境保护情况 x_{51}；　(很好　好　一般　差　很差)
17. 项目的社会评价和影响 x_{52}；　(很好　好　一般　差　很差)

参考文献

[1] Aalto, T.. Strategies and methods for project portfolio management[C]. //Artto, K. A., Martinsuo, M. and Aalto, T. eds. Project Portfolio Management, Project Management Association(PMA) Finland, Helsinki, 2000.

[2] Adler, P. S., Mandelbaum, A., Nguyen, V. and Schwerer, E.. From project to process management: an empirically-based framework for analyzing product development time[J]. Management Science, 1995, 41(3): 458-484.

[3] Alexandros, P., George, I,. Gregory, P. and Klas, E. S.. An Integrated Methodology for Putting the Balanced Scorecard into Action[J]. European Management Journal, 2005, 23(2): 214-227.

[4] Archer, N. P. and Ghasemzadeh, F.. An integrated framework for project portfolio selection. International Journal of Project Management, 1999, Vol. 17, No. 4: 207-216.

[5] Archibald, R. D.. 如何管理高科技项目——知识体系及实务[M]. 冷发光, 译. 北京: 清华大学出版社, 2004.

[6] Artto, K. A. and Dietrich, P. H.. Strategic Business Management through Multiple Projects[C]. //The Wiley Guide to Managing Projects" in Morris, P. W. G. and Pinto, J. K., (eds). New York: John Wiley & Sons Inc, 2004.

[7] Back, W. E., Maxwell, D. A., and Isidore, L. J.. Activity – Based Costing As A Tool For Process Improvement Evaluations[J]. Journal of Management in Engineering, March/April, 2000: 48-58.

[8] Ballard, G. &Howell, G.. Shielding Production: An Essential Step in Production Control [J/OL]. Lean Construction. 1997[2005.08.31] http://leanconstruction.org/pdf/ShieldingProduction.PDF.

[9] Barnes, N. M. L. and Wearne, S. H.. The future for major project management [J] International Journal of Project Management. 1993, 11(3): 135-14.

[10] Barraza, G. A., Back, W. E., and Mata, F.. Probabilistic Monitoring of Project Performance Using SS-Curves[J]. Journal of Construction Engineering and Management. 2000(3/4): 142-148.

[11] Barros M, Werner C. M. L, Travassos G. H.. Applying system dynamics to scenario based software project management[C]. //Proceedings of the 2000 Interna-

tional System Dynamics Conference, Berghen, 2000.

[12] Blismasla N., Sher, W., Thorpe, A.. A typology for clients' multi-project environments[J]. Construction Management and Economics, 2004, 22(5): 357-371.

[13] Burkov, V. N. and Novikov, D. A.. Models and methods of multi-projects' management[J]. Systems Science, 1999, 25(2): 5-14.

[14] Burnes, B.. Managing Change: A Strategic Approach to Organisation Dynamics [M]. London: Pitman, 1996.

[15] Busby, J. S.. The effectiveness of collective retrospection as a mechanism of organizational learning[J]. Journal of Applied Behavioural Science, 1999, 35(1): 109-129.

[16] Carter, A., 1995. As Program Management Function Evolves, Benefits Increase [J]. WATER Engineering and Management, 1995, 3: 26.

[17] CCTA(Central Computer and Telecommunications Agency). Managing successful programmes[M]. London: Stationery Office, 1999.

[18] Chan, W.-T., Chua, D. K. H., Kannan, G.. Construction Resource Scheduling With Genetic Algorithms[J]. Journal of Construction Engineering and Management, ASCE, 1996(6): 125-132.

[19] Chang, D. Y.. Applications of the Extent Analysis Method on Fuzzy AHP. European Journal of Operational Research, 95, 649-655.

[20] CHENG, L, LI H. Construction partnering process and associated critical success factors: quantitative investigation [J]. Journal of Management in Engineering, 2002, 18(4): 194-203.

[21] Chritamara, S., Ogunlana, S. O., N. Bach, L.. System dynamics modeling of design and build construction projects [J]. Construction Innovation, 2002 (2): 269-295.

[22] Cleland, D. I.. Measuring success: The owner's viewpoint[J]. Proceedings of the 18th Annual Seminar/Symposium, 1986: 6-12.

[23] Cooper, R. G., Edgett, S. J., and Kleinschmidt, E. J.. New problems, new solutions: making portfolio management more effective [J]. Research Technology Management, 2000, 43(2): 18-33.

[24] Crawford, L., Hobbs, J. B., Turner, J. R.. Investigation of Potential Classification Systems for Projects[J]. PMI Research Conference 2002, Project Management Institute, Seattle, Washington, USA, 2002(7): 14-17.

[25] Crow, K.. Improving Time – To – Market Through Planning and Resource Management. DRM Associates, 2003, 5(9): 1-6.

[26] Cusumano, M. A. and Nobeka, K., 1998. THINKING BEYOND LEAN: How Multi-Project Management is Transforming Product Development at Toyota and Other Companies. New York: Simon and Shuster.

[27] David Partinton, Turner, J. R., Simister S. 通过设立项目实施企业战略, 项目管理手册[M]. 3 版. 李世其等, 译. 北京: 机械工业出版社, 2004.

[28] Dumond, E. J. and Dumond, J.. An Examination of Resourcing Policies for the Multi-resource Problem[J]. International Journal of Operations and Production Management, 1993, 13(5): 54-76.

[29] Easa, S. M.. Resource leveling in construction by optimization. Journal of Construction Engineering and Management, ASCE, 1989, 115(2): 302-316.

[30] Egan, J.. Construction Task Force, Report of the Construction Task Force on the Scope for improving quality and efficiency in UK Construction[J]. Rethinking Construction, 1998.

[31] Engwall, M. and Sjögren, K. A.. Dynamics of A Multi-project Matrix: Conflicts and Coordination[D/OL]. Fenix University. 2001[2005. 10. 31]. http://www.fenix.chalmers.se/fenix/publications/2001/pdf/WP%202001-07.pdf.

[32] Engwall, M., 2001. Multiproject Management: Effects, Issues and Propositions for Future Research[D/OL]. Fenix University. 2001[2005. 7. 15]. http://www.fenix.chalmers.se/fenix/publications/2001/pdf/WP%202001-06.pdf.

[33] Eskerod, P.. Meaning and action in multi-project environment: understanding a multi-project environment by means of metaphors and basic assumptions[J]. International Journal of Project Management, 1996, 14(2): 61-65.

[34] Evaristo, R., van Fenema, P., C.. A typology of project management: emergence and the evolution of new forms[J]. International Journal of Project Management, 1999, 17(5): 271-81.

[35] Evbuomwan, N., and Anumba, C.. An Integrated Framework For Concurrent Life-Cycle Design And Construction[J]. Advances in Engineering Software. 1998 (29): 7-9.

[36] Faniran, O. O., Love, P. E. D., and Li, H.. Optimal Allocation of Construction Planning Practices. Journal of Construction Engineering and Management, ASCE, 1999, 125(5): 311-319.

[37] Ferns, D. C.. Development in programme management[J]. International Journal of Project Management, 1991, 9(3): 148-156.

[38] Field, T.. When bad things happen to good projects[J]. CIO Magazine, 1997(10): 1-99.

[39] Freeman, M., and Beale, P.. Measuring project success[J]. Project Management journal, 1992, 23(1): 8-16.

[40] Fricke, S. E. and Shenhar, A. J.. Managing Multiple Engineering Projects in a Manufacturing Support Environment[J]. IEEE Transactions on Engineering Management, 2000, 47(2): 258-268.

[41] Frost, B.. Measuring Performance in Science & Technology: Six Reasons to Use a Scorecard[J]. The Perspective Series, Measurement International, 214-350-1082, 2002: 1-6.

[42] Gareis, R.. The new project management paradigm[C]. //Proceedings of the 14th World Congress on Project Management, Slovenia, 1998, 1(6): 10-13.

[43] Gareis, R.. Programme management and project portfolio management: New competencies of project-oriented companies[C]. //Proceedings of the IRNOP IV Conference, 'Paradoxes of Project Collaboration in the Global Economy: Interdependence, Complexity and Ambiguity', Sydney, Australia, 2000.

[44] Garvin, D. A.. Building a learning organization[J]. Harvard Business Review. 1993(7/8): 78-91.

[45] Gray, R. J.. Alternative approaches to programme management[J]. International Journal of Project Management, 1997, 15(1), 5-9.

[46] Gray, R. J.. Issues in programme integration[J]. International Journal of Project Management, 1999, 17(6): 361-366.

[47] Griffith, A. F., Gibson, G. E., Hamilton, M. R., Tortora, A. L., Wilson, C. T.. Project Success Index for Capital Facility Construction Projects[J]. Journal of Performance of Constructed Facilities, ASCE, 1999, 13(1): 39-45.

[48] Halpin, D. W.. Process-based research to meet the international challenge[J]. Journal of Construction Engineering and Management. 1993, 119(3): 415-425.

[49] Hammer, M., andStaunton, S. A.. The Reengineering Revolution-The Handbook [M], London: Harper-Collins, 1995.

[50] Harris, R. B. and Ioannou, P. G.. Scheduling Projects with Repeating Activities [J]. Journal of Construction Engineering and Management, ASCE, 1998, 124

(4):269-278.

[51] Haughey, D.. A perspective on programme management[J/OL]., 2001[2005. 10. 31]. http://www. projectsmart. co. uk/docs/program _ management _ study. pdf.

[52] Hegazy, T.. Optimization of Resource Allocation and Leveling Using Genetic Algorithms[J]. Journal of Construction Engineering and Management, 1999, 125(3): 167-175.

[53] Jaikumar, R.. Post-industrial manufacturing[J]. Harvard Business Review, 1986 (37):79-86.

[54] James, N. and Derek, H T W.. A Balanced Scorecard Approach to Project Management Leadership[J]. Project Management Journal, ABI/INFORM Global, 2004, 35(4):47-56.

[55] Jeffery, D. R., Scott, L.. Has twenty-five years of empirical software engineering made a difference[C]. Proceedings of the 9th Asia-Pacific Software Engineering Conference, Queensland, Australia, 2002:539-546.

[56] Jonathan Jingsheng Shi. and Daniel W., 2003. Enterprise Resource Planning for Construction Business. Journal of Construction Engineering and Management, 192 (2):214-221.

[57] Kaplan, R. S. and Norton, D. P.. The Balanced Scorecard-measures that drive performance[J]. Harvard business review, 1992, 70(1), 71-80.

[58] Kaplan, R. S. and Norton, D. P.. Translating strategy into action-the Balanced Scorecard[M]. Boston: Harvard Business School Press, 1996.

[59] Kaplan, R. S. and Norton, D. P.. 战略中心型组织[M]. 周大勇, 译. 北京: 人民邮电出版社, 2004.

[60] Kaplan, R. S. and Norton, D. P.. Measuring the strategic readiness of intangible assets[J]. Harvard Business Review, 2004a, 82(2):52-63.

[61] Kaplan, R. S. and Norton, D. P.. Strategy Maps: Converting Intangible Assets into Tangible Outcomes[M]. Boston: Harvard Business School Press, 2004b.

[62] Kara, S. and Kayis, B.. Concurrent resource allocation (CRA): A heuristic for multi-project scheduling with resource constraints in concurrent engineering[J]. Concurrent Engineering Research and Applications, 2001, 9(1):64-73.

[63] Kelley, L. L., K. Leong, Loong. Turner's five-functions of project-based management and situational leadership in IT services projects[J]. International Journal

of Project Management,2003,21(8):583-591.

[64] Kerzner,H.,2000. Applied project management: Best practices on implementation. New York:Wiley,2000.

[65] Koskela,L.. Management of production in construction: a theoretical view[J]. Proceedings of IGLC-7,I. Tommelein and G. Ballard,Berkeley,CA,1999(7): 26-28,241-252.

[66] Kurtulus,I. S. and Davis,E. W.. Multiproject scheduling: Analysis of project performance[J]. IEEE Transactions,1985,17(2):58-66.

[67] Kurtulus,I. S. and Narula,S. C.. Multiproject scheduling: Categorization of heuristic rules performance[J]. Management Science,1982(2812):161-172.

[68] Kurtulus,I. S.. Multiproject scheduling: Analysis of scheduling strategies under unequal delay penalties[J]. Journal of Operations Management,1985,5(3): 291-307.

[69] Leachman,R. C.,Dincerler,A.,Kim,S.. Resource-Constrained Scheduling of Projects with Variable-Intensity Activities[J]. IIE Transaction,1990,22(1):31.

[70] Leu,S. S. and Hwang,S. T.. Optimal Repetitive Scheduling Model with Shareable Resource Constraint[J]. Journal of Construction Engineering and Management,ASCE,2001,127(4):270-280.

[71] Leu,S. S. and Yang,C. H.. GA-Based Multicriteria Optimal Model for Construction Scheduling[J]. Journal of Construction Engineering and Management, ASCE,1999a,125(6):420-427.

[72] Leu,S. S.,Chen,A. T. and Yang,C.-H.. Fuzzy Optimal Model for Resource-Constrained Construction Scheduling[J]. Journal of Computing in Civil Engineering, ASCE,1999b,13(3):207-216.

[73] Levene,R. J. and Braganza,A.. Controlling the work scope in organizational transformation: a programme management approach[J]. International Journal of Project Management,1996,14(6):331-339.

[74] Lewis,J. P.. The Project Manager's Desk Reference[M]. 2nd ed. 北京:机械工业出版社,2001.

[75] Li,H. and Love,P.. Using Improved Genetic Algorithms to Facilitate Time-Cost Optimization[J]. Journal of Construction Engineering and Management,ASCE, 1997,123(3):233-237.

[76] Linberg,K. R.. Software developer perceptions about software project failure: A

case study[J]. The Journal of Systems and Software. 1999,49(2): 177 - 192.

[77] Liu,L.,Burns,S. A. and Feng,C.-W.. Construction Time-Cost Trade-Off Analysis Using LP/IP Hybrid Method. Journal of Construction Engineering and Management,ASCE,1995,121(4):446-454.

[78] Lorch,R.. 英国建筑业的战略经验. 建筑经济,2003(5):18-22.

[79] Lord, A.. Implementing strategy through project management[J]. Long Range Planning,1993,26(1):76-85.

[80] Love,P. E. D.,Holta,G. D.,et al. Using systems dynamics to better understand change and rework in construction project management systems[J]. International Journal of Project Management,2002(20):425-436.

[81] Love,P. E. D.,Mandal. P.,H. LI. Determining the casual structure of rework influences in construction[J]. Construction and Architectural Management,1999,6(17):505-517.

[82] Lycett,M.,Rassau A.,and Danson,J.. Programme management: a critical review [J]. International Journal of Project Management,2004,22(5):289-299.

[83] Marsh,D.. Programme and Project Support Office[J]. //Turner,J. R.,and Simister,S. J. eds. Gower Handbook of Porject Management,3rd ed. IPMA,2000.

[84] Mattila,K. G. and Abraham,D. M.. Resource Leveling of Linear Schedules Using Integer Linear Programming[J]. Journal of Construction Engineering and Management. 1998(5/6):232-244.

[85] McElroy,W.. Implementing strategic change through projects[J]. International Journal of Project Management,1996,14(6):325-329.

[86] Mintzberg,H,and Waters,J. A.. Of strategies,deliberate and emergent[J]. Strategic Manage Journal,1985,6(3):257-272.

[87] Morris W. G.,and Jamieson A.. Linking Corporate Strategy to Project Strategy via Portfolio and Program Management[D]. University of St Andrews,2004.

[88] Mulva,S. P. and Vanegas,J. A.,2002. A Conceptual Framework for Integrated Program and Project Management. 1st Intl. Conf. on Constr. In the 21st Century.,CITC,Miami,Florida.

[89] O'Neill J.. Short-staffed? Maximise scarce resources with knowledge resource planning[J]. PM Network,1999(2):37-41.

[90] Ohmae,Y.,Hasegawa,S. and Okuda,M.. Multi-project Scheduling[J]. Journal of Information Process,1992,15(2):267-279.

[91] Partington, D.. The project management of organizational change[J]. International Journal of Project Management, 1996, 14(1): 13-21.

[92] Patterson, J. H.. A comparison of exact approaches for solving the multiple constrained resources, project scheduling problem[J]. Management Science, 1984(30): 854-867.

[93] Paul Teicholz, Paul M. G. and Carl T. HaasU. S.. U. S. Construction Labor Productivity Trends, 1970-1998[J]. Journal of Construction Engineering and Management, ASCE, 2001, 127(5): 427-429.

[94] Payne, J. H., and Turner, J. R.. Company-wide project management: the planning and control of programmes of projects of different type[J]. International Journal of Project Management, 1998, 17(1): 55-9.

[95] Payne, j. k.. Management of multiple simultaneous projects: a state-of-the-art review[J]. International Journal of Project Management, 1995, 13(3): 163-168.

[96] Pellegrinelli, S.. Programme management: organizing project-based change[J]. International Journal of Project Management, 1997, 15(3): 141-149.

[97] Pena-Mora, F., Michael Li. Dynamic Planning and Control Methodology for Design/Build Fast-Track Construction Projects[J]. Journal of Construction Engineering and Management, 2001, 127(1): 1-17.

[98] Pena-Mora, F., Park, Moonseo. Dynamic Planning for Fast-tracking Building Construction Projects[J]. Journal of Construction Engineering and Management, 2001, 127(6): 445-456.

[99] Pennypacker, J. S. and Dye, L. D. eds. Managing multiple projects[M]. Planning, scheduling, and allocating resources for competitive advantage. New York: Marcel Dekker, Inc, 2002.

[100] Platje, A., Seidel, H., Wadman S.. Project and portfolio planning cycle-project based management for multiproject challenge[J]. International Journal of Project Management, 1994, 12(2): 100-106.

[101] Reiss, G.. Programme Management Demystified: Managing Multiple Projects Successfully[M], London: E & FN Spon, 1996.

[102] Reiss, G.. Benefits Management[R]. London, UK Paper for Congress, 2000.

[103] Repenning, N. P.. A dynamic model of resource allocation in multi-project research and development systems[J]. System Dynamics Review, 2000, 16(3): 173-212.

[104] Rothwell, R.. Successful industrial innovation[J]. R&D Management, 1992 (22):221-239.

[105] Rubin, D. K., Rosenbaum, D. B., Angelo, W. J. and Powers, M. B.. Programming for Success[J]. Engineering News Record, 2002(21):30-32.

[106] Rust, C.. Getting Kicks From Route 66[J]. Continental, Pohly and Partners, 2001, 5(12):53-55.

[107] Ruth Murray-Webster and Michel Thiry, Turner, J. R., Simister S. 项目群管理, 项目管理手册[M]. 3 版. 北京:机械工业出版社, 2000.

[108] Sandvold, Ø.. Programme management: added value of increased overhead [J]. //Proceedings of the 14th World Congress on Project Management, 1998, 1 (6):161-165.

[109] Senouci, A. B. and Adeli, H.. Resource Scheduling Using Neural Dynamics Model of Adeli and Park[J]. Journal of Construction Engineering and Management, ASCE, 2001, 127(1):28-34.

[110] Shankar, V. and Nagi, R.. An Overview of a Flexible Optimization Approach to Multi-resource, Multi-project planning and Scheduling[J]. Proc., 5th Indl. Engrg. Res. Conf., IIE, 1996:263-268.

[111] Shelley Gaddie. Enterprise programme management: Connecting strategic planning to project delivery[J]. PMI Silicon Valley, 2003(2):10.

[112] Shenhar, A. J., Dvir D., Lechler T., Poli M., 2002. One Size Does Not Fit All-True For Projects, True For Frameworks. PMI Research Conference 2002, Project Management Institute, Seattle, Washington, USA, July 14-17.

[113] Sherwood, D.. Seeing the Forest for the Trees: A Manager's Guide to Applying Systems Thinking(系统思考)[M]. 邱昭良, 译. 北京:机械工业出版社, 2004. 1-237.

[114] Speranza, M. G. and Vercellis, C.. Hierarchical models for multi-project planning and scheduling[J]. European Journal of Operational Research. North Holland, 1993(64):312-325.

[115] Stephen, P. M.. ARIES-A Theoretical Framework for Evaluating Aspects of Enterprise Sustainability. Unpublished PhD[D]. Georgia: School of Civil and Environmental Engineering, Georgia Institute of Technology, 2004.

[116] Sterman, J. D.. System Dynamics Modeling for Project Management. [J/OL]. MIT System Dynamics Group, 1992[2005.08.31]. http://nt-notes.liuc.it/Ma-

terialeAggiuntivo/Econ/StrPolAzII/system. pdf.

[117] Stevens, J. D.. Techniques for construction network scheduling[M]. New York: McGraw-Hill, 1990.

[118] Strange, G.. Examination of Linkage Concepts in Programme Management[J/OL]. E-programme, 1998[2005.08.15]. http://www.e-programme.com/articles/linkage_concepts.htm.

[119] Strebel, P.. Why do employees resist change[M] Harvard Business Review on Change, Boston: Harvard Business School Press, 1999:139-157.

[120] Suvi Elonen, Artto Karlos A.. Problems in managing internal development projects in multi-project environments[J]. International Journal of Project Management, 2003(21):395-402.

[121] Thiry Michel. Combining value and project management into an effective programme management model[J]. International Journal of Project Management, 2002, 20(3):221-227.

[122] Thiry Michel. "For DAD": a programme management life-cycle process[J]. International Journal of Project Management, 2004, 22(3):245 - 252.

[123] Tsai, D. M., and Chiu, H. N.. Two heuristics for scheduling multiple projects with resource constraints[J]. Construction Management and Economics, 1996(14):325-340.

[124] Tsubakitani, S. and Deckro, R.. A heuristic for multi-project scheduling with limited resources in the housing industry[J]. European Journal of Operational Research. 1990, 49(1):80-91.

[125] Turner, J. R., Simister S. J.. 项目管理手册(第三版)[M]. 李世其等,译.北京:机械工业出版社,2004.

[126] Wendy, E. S.. Balanced Scorecard for Projects[J]. Project Management Journal, 2001, 32(1):38-53.

[127] Wheelwright, S. C. and Clark, K. B.. Creating project plans to focus product development[J]. Harvard Business Review, 1992(3).

[128] Wijnen, G. and Kor, R. 独特性任务的项目与项目群管理方法[M]. 戚安邦等,译.天津:南开大学出版社,2005.

[129] Williams, T. M.. The need for new paradigms for complex projects[J]. International Journal of Project Management, 1999, 17(5):269-73.

[130] Winch, G., Usmani A., Edkins A.. Towards total project quality: a gap analysis

approach[J]. Construction Management and Economics,1999(16):193-207.

[131] 陈蔓生,张正堂. 企业竞争力的模糊综合评估探析[J]. 数量经济技术经济研究,1999(1).

[132] 建设部. 中国建筑业改革与发展研究报告[R]. 北京:建设部,2004.

[133] 李红兵. 建设项目集成化管理理论与方法研究[D]. 武汉:武汉理工大学,2004.

[134] 林知炎,陈建国. 工程项目管理[M]. 北京:中国建筑工业出版社,1998.

[135] 卢勇. 基于互联网的工程建设远程协作的研究[D]. 上海:同济大学,2004.

[136] 魏巍贤. 企业信用等级综合评估方法及应用[J]. 系统工程理论与实践,1998(2):26-31.

[137] 杨雪松,胡昊. 基于关键链方法的多项目管理[J]. 工业工程与管理,2005(2):48-52.

[138] 赵道致,廖华,刘一骝. 关键链法:一种新型的项目进度计划方法[N]. 天津理工大学学报,2005,21(2):8-12.